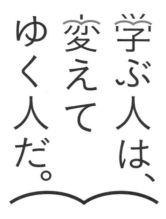

学ぶ人は、
変えて
ゆく人だ。

目の前にある問題はもちろん、

人生の問いや、

社会の課題を自ら見つけ、

挑み続けるために、人は学ぶ。

「学び」で、

少しずつ世界は変えてゆける。

いつでも、どこでも、誰でも、

学ぶことができる世の中

旺文社

JN046928

大学入試

全レベル問題集
英語リスニング

河合塾講師 坂本 浩 著

1 基礎レベル

はじめに

　『大学入試 全レベル問題集 英語リスニング』シリーズは，レベル1～3の3段階で構成されています。リスニングの基礎から，共通テスト・私大中堅レベル，さらには難関大に出題される問題まで，すべてのレベルの問題がそろっているので，皆さんの実力に合った1冊からリスニング対策を始めることができます。

　大学入試で出題されるリスニング問題で最も多いのは，アナウンスメントやストーリー，講義などのモノローグや会話を聞いて，その内容についての質問に答える形式です。テスト用紙に質問が書いてある問題もあれば，質問はテスト用紙にはなく，音声で流れる問題もあります。いずれにしても，皆さんは，会話やモノローグを聞いて，そこに含まれる情報を正確に聞き取り，その一部を質問という形で確かめられるわけです。ですから，リスニング問題では，音声を正確に聞き取るだけでなく，聞き取った内容をメモしたり，選択肢にチェックを入れたりしながら情報を整理し，必要な項目を取捨選択する力が必要になります。音声を聞く前に質問や選択肢を読んでおくことができれば，音声を聞いてどのような情報を聞き取ればよいのかが明確になるので，そうした練習も必要になるでしょう。

　音声面の習得という点から言うと，聞き取ることばかりに神経がいきがちですが，まず行っていただきたいのは，サンプル音声と同じように発音できるようになる練習です。意味を考えつつ，1つ1つの音，リズムを正確にまねて，それを何度も繰り返す練習を積んでいただきたいと思います。本シリーズに掲載された例題や練習問題は，そうした繰り返しの音読練習に向いた，英語の音声の基礎を習得でき，かつ内容的にも興味深いものを選定してあります。問題を一度解いて終わりにせずに，すでに理解した英文について，付属の音声を利用し，それに合わせて何度もシャドーイングや音読練習，ときにはディクテーションをすることで，皆さんのリスニング力がレベルアップしていくことでしょう。この問題集が皆さんの英語力向上に役立つことを心から願っています。

坂本　浩

目　次

著者紹介：坂本 浩（さかもと ひろし）

河合塾講師。著書に『英文で覚える 英単語ターゲット R 英単語ターゲット1400 レベル［改訂版］』（旺文社）
など。東京外国語大学英語科卒業。東京大学大学院総合文化研究科・言語情報科学専攻博士課程単位取得退学。
専門は日・英の語彙意味論。

協力各氏・各社

装丁デザイン：ライトパブリシティ　　　　　　　　ナレーション：Christiane Brew ／ Simon Loveday ／

本文デザイン：内津 剛（及川真咲デザイン事務所）　Jack Merluzzi ／ Jenny Skidmore ／細谷美友

校正：Jason A. Chau ／入江 泉／石川道子　　　　編集協力：株式会社交学社

イラストレーション：駿高泰子　　　　　　　　　　編集担当：高杉健太郎

録音・編集：ユニバ合同会社

本シリーズの特長

『全レベル問題集 英語リスニング』には，以下の特長があります。

1. **志望校別のレベル設定**

　　長年『全国大学入試問題正解 英語リスニング』（旺文社）に携わり，大学入試の
リスニング問題を分析してきた著者が，レベル別に適した問題を選び，取り組みや
すいものから順に構成しました。

2. **実践的な問題**

　　問題は最新の入試過去問題から厳選，または新たに作成して掲載しています。設
問形式は各レベルの入試で頻出のものに対応しているので，効率よく対策ができま
す。

3. **ていねいな解説**

　　スクリプトの中で解答の根拠となる箇所を示すなど，全ての設問をわかりやすく，
ていねいに解説しているので疑問が残りません。

4. **簡単・便利な音声**

　　音声は QR コードやアプリを使って簡単に再生することができ，ストレスなく学
習できます。

5. **音声と紙面で復習をサポート**

　　全問題の英文音声を音読やディクテーションに使いやすい形に再編集した「ト
レーニング用」音声が付属しています。巻末のスクリプトと併せて復習に活用でき
ます。

志望校レベルと『全レベル問題集 英語リスニング』シリーズのレベル対応表

※掲載の大学名は活用していただく際の目安です。

本書のレベル	各レベルの該当大学	
① 基礎レベル	高校基礎～大学受験準備	
② 共通テストレベル	共通テストレベル	
③ 私大・国公立大レベル	**[私立大学]** 青山学院大学・国際基督教大学・南山大学・関西外国語大学　他	
	[国公立大学] 秋田大学・東京大学・東京外国語大学・一橋大学・新潟大学・大阪大学・神戸市外国語大学・福岡教育大学・熊本県立大学	

本書の使いかた

1. 例題で特徴をつかむ

　リスニング試験で聞き取る英文のタイプによって章が分かれています。各章のはじめに，それぞれのタイプで頻出の設問形式を例題として取り上げています。問題を解くときのポイントなどを「こう聞く！」にまとめています。

2. 練習問題を解く

　聞き取る英文が同じタイプでも，設問形式や英文の長さなどにはバリエーションがあります。本番の入試でどんな問題が出題されても落ち着いて取り組めるよう，練習問題でさまざまなパターンに触れておきましょう。

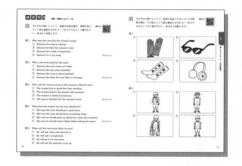

3. 解答・解説を読む

　練習問題の解答・解説は p. 56 以降にあります。解説のうちで特に重要なところは「ここがポイント！」として示しています。

4. 復習する

　巻末には，全問題の英文スクリプトだけを再掲載しています。「トレーニング用音声」には1文ごとにポーズを設けてありますので，音読やディクテーションなどに活用してください。

復習のしかた

● **音読**

　トレーニング用音声の発音をまねて，スクリプトを声に出して読みましょう。

● **シャドーイング**

　トレーニング用音声を聞きながら，すぐあとに続いて繰り返しましょう。

● **ディクテーション**

　スクリプトを見ないでトレーニング用音声を聞き，英文を書き取りましょう。

本書で使用している記号一覧

S	……………	主語	動 ……………	動詞
V	……………	述語動詞	名 ……………	名詞
O, O₁, O₂	……	目的語	形 ……………	形容詞
C	……………	補語	副 ……………	副詞
to do	…………	不定詞	前 ……………	前置詞
doing	………	現在分詞・動名詞	接 ……………	接続詞
done	…………	過去分詞		

＊すべての解答・解説・和訳は旺文社が独自に作成しました。

＊問題指示や解答のためのポーズなどは，実際の入試と異なる場合があります。

音声について

音声は３種類の方法で聞くことができます。音声の内容はすべて同じものです。
トラック番号 33 以降は，問題で聞き取る英文の部分だけを再編集した「トレーニング用」音声です。

● QR コードから聞く

スマートフォンなどで，トラック番号（ ◀)) 01 など）の隣にある QR コードを読み取ってください。

●専用ウェブサイトから聞く

パソコンから以下のサイトにアクセスし，パスワードを入力してください。

URL：**https://www.obunsha.co.jp/service/zll/1.html**

パスワード：**zllbook1**（アルファベット小文字と数字。すべて半角）

・右の QR コードからもアクセスできます。

・音声ファイルをダウンロードするか，ウェブ上で再生するかを選べます。

> 注意▶ダウンロードについて：音声ファイルは MP3 形式です。ZIP 形式で圧縮されていますので，解凍（展開）して，MP3 を再生できるデジタルオーディオプレーヤーなどでご活用ください。解凍（展開）せずに利用されると，ご使用の機器やソフトウェアにファイルが認識されないことがあります。スマートフォンやタブレットでは音声をダウンロードできません。デジタルオーディオプレーヤーなどの機器への音声ファイルの転送方法は，各製品の取り扱い説明書などをご覧ください。▶音声を再生する際の通信料にご注意ください。▶ご使用機器，音声再生ソフトなどに関する技術的なご質問は，ハードメーカーもしくはソフトメーカーにお願いします。▶本サービスは予告なく終了することがあります。

●スマートフォンアプリで聞く

「英語の友」で検索するか，右の QR コードからアクセスしてください。
パスワードを求められたら，上と同じパスワードを入力してください。

※ QR コードは株式会社デンソーウェーブの登録商標です。

リスニング力向上のヒント

音読の習慣化

　リスニング力を上げるには，問題演習を重ねるだけでなく，**音読練習を習慣化**することが重要です。リスニングを苦手にしている人の多くは，英語の文や語句を発音することも苦手にしているようです。自分で発音できない音はなかなか聞き取れるようにはなりません。ネイティブスピーカーが発音する音声をまねて，滑らかに発音できるようになれば，音声が聞き取りやすくなるばかりか，意味やイメージの想起もしやすくなってきます。**毎日，少なくとも 10 分間は音読練習を行うことをおすすめします。**

　音読練習をする際に特に重要なことは，口で音声を滑らかに発しながら，同時に頭ではその意味を思い浮かべることです。これを繰り返すことで，徐々に音と意味がつながっていきます。音声を聞いてすぐに意味が思い浮かべられるようになることこそが，皆さんの目指す目標であるはずです。そのための音読練習です。したがって音読練習においては，**どのように意味をとればよいのか**という点と，**どのように音を発すればよいのか**という点の，2 点を理解しておく必要があるでしょう。

意味のとりかた

■　意味のまとまりを意識する

　英文には**意味のまとまり**を持ったグループがあります。例えば，《冠詞＋形容詞＋名詞》で名詞句というまとまり（例：the beautiful mountain），《前置詞＋名詞句》で副詞句というまとまり（例：in the building）になっているといったようなことです。さらには《主語＋動詞》や《動詞＋目的語》なども，1 つのまとまりとして認識できる場合も多いでしょう。こうしたまとまりを意識せずに，1 文を読み終わってから，後からまとめて英文全体の意味を考えているようでは，リスニングに応用することはできません。そうではなく，**英文を聞きながら，同時に意味をイメージする**ことが重要です。そのためには，こうした意味のまとまりを瞬時にとらえながら，次にどういう情報がくるのかを積極的につかむような気持ちで，音読練習をする必要があります。

■　意味のまとまりをとる練習

> 例）At this library, you can borrow up to five books at one time for two weeks.
> 　　「この図書館では 1 回に本を 5 冊まで，2 週間借りられる」

　この文は意味のまとまりで区切ると次のようになります（区切りは / の部分）。

> At this library,/ you can borrow / up to five books / at one time / for two weeks.

　このようなまとまりを意識し，音読した順序で意味を積み上げていきます。その際，次にくる語句を予想しながら，あるいは疑問を解消していくような気持ちで次のように音読していくとよいでしょう。

> 　　・At this library,
> 　　　「この図書館では」⇒「この図書館で何が起きる？」と疑問を持つ
> →・you can borrow
> 　　　「あなたは借りることができる」⇒「何を借りることができる？」と疑問を持つ
> →・up to five books
> 　　　「本を5冊まで」⇒「本を5冊まで」借りられるのだな。と理解する
> →・at one time
> 　　　「一度に」⇒「一度に」借りる冊数のことなんだな。と理解する
> →・for two weeks
> 　　　「2週間」⇒「2週間」借りられるんだなと，付加されていく情報を理解していく

　最後のフレーズを読み終えた瞬間に文全体の意味が理解できているようになるまで練習してください。はじめはゆっくりでかまいません。繰り返し練習しましょう。

発音のしかた

　意味を理解しながら，英文を滑らかに音読できるようになったら，次は発音を意識してみましょう。冒頭でも述べたように，発音の上達は，リスニング力の向上に非常に効果があります。自分で発音できる音は聞き取れるようになるものです。

■　子音の発音

英語と日本語の「子音」の違い

　英語と日本語には音声面でさまざまな違いがありますが，その1つに「子音」の発音があります。日本人は「子音」というと，「あいうえお」以外の音と思いがちです。すなわち，「かきくけこ，さしすせそ，たちつてと，…」といったものです。しかし，これらは日本語の文字表記上では「子音」となっていますが，音声上は「子音＋母音」の状態です。例えば，「かきくけこ」は「ka ki ku ke ko」であり，本来，子音とは，これから「a i u e o」を除いた「k k k k k」になるわけです。ここまで，知識としては知っている人も多いかもしれませんが，実際のところ，英語の子音を正確に発音できている人はどれだけいるでしょうか。

英語の [k] と日本語のカ行

　英語の [k] を発音してみましょう。英語の [k] は，日本語の「く」とは違い，声帯が震えません（これを**無声音**といいます）。悔しい時に「くっ」と言うことがありますが，その「くっ」に近い音です。また，概して日本語話者が発する子音は弱々しく聞こえるようです。英語の子音を発音するときは，息の量も，勢いも，日本語よりも多め，強めに発音するように心がけるとよいでしょう。[k] も喉の奥で強く，勢いよく発音することを意識して繰り返し練習するようにしましょう。また，この [k] を，声帯を震わせる**有声音**にしたものが [g] です。

英語の [s] と日本語のサ行

　サ行で用いられる子音の [s] も，「す」とはかなり異なる音です。英語の [s] は，母音の「う」を含まず，声帯を震わせない無声音です。上前歯の裏に息を強く鋭く押し当てる感覚で，勢いよく「スー」と発音するときに出る音です。「お願いします」と言うときの「す」に近い音です。また，この [s] を有声音にしたものが [z] です。

英語の [t] と日本語のタ行

　[t] の音もきちんと発音できない人が多いようです。日本語で「た」と言うときの舌の動きは，舌先が上前歯の裏に当たって，息を吐くときにそれを解放しながら「た」と発音しています。英語の [t] はこの「た」の出だしの部分と似ています。舌先は上前歯の裏よりも少し上部にある歯茎のあたりに押し当て，勢いよく息を解放して発音します。息の出方は日本語のタ行よりも多め，強めであることを意識しましょう。この [t] は語末に置かれると聞こえにくくなる傾向にあります。野球の審判がアウトを大声で宣告するとき，日本語だと「アウトオー」となりますが，英語では「**アウッ**」のようになり，最後の [t] の音が聞こえにくくなります。[t] を有声音にすると，[d] になります。

英語の [r] や [l] と日本語のラ行

　ラ行に含まれる音も，英語の [r] や [l] とは異なります。[r] は「う」のように唇を丸めて突き出し，舌先をどこにも当てずに発音します。[l] は上前歯の裏と歯茎の境目あたりに舌先を押し当てて「ウー」と発音します。[r] と [l] は日本語ではともに「ラ行」で表されるので，カナ表記に頼らず，[r] と [l] を意識して発音したいものです。

英語の th ／ f と v の音

　日本語の表記との関連でいえば，th の音もカタカナでは表せません。th の音は上前歯の下か裏側を舌先で触れるようにして「ス」と発音します。th の無声子音（think の th）を [θ] という発音記号で表し，有声子音（that の th）を [ð] と表します。

fとvも要注意の子音です。どちらも上の歯を下唇に軽く当てながら出す音です。無声子音が [f]，有声子音が [v] です。[v] は，（両唇を閉じてから勢いよく息を解放して出す）[b] とはまったく異なる音です。

以上のように，英語の子音は，それぞれに固有の発音が備わっていることを意識して発音練習する必要があります。母音を入れず，息を強めに勢いよく発音しましょう。

■ 子音の連続

英語を聞き取りにくくしている原因の一つは，子音の音質が日本語で慣れている音質とはかなり異なるものであるということです。しかし，原因はそれだけではありません。英語には，日本語話者が考えるよりもはるかに**多くの子音が含まれる**ということも，聞き取りにくさの原因なのです。日本語は全体的に見ると，子音よりも母音の響きのほうが勝っていますが，英語では，子音の割合が母音よりもずっと高くなります。例えば，日本語で「ラブ」というと「rabu」となり，子音と母音が２度ずつ出てきますが，英語の love は [lʌv] であり，子音２つの間に母音１つが挟まれている形です。また，日本語の「ドライブ」は「doraibu」となり，子音よりも母音のほうが多くなりますが，英語の drive は [draiv] で子音３つに母音が１つです（[ai] は二重母音といって１つの母音として扱います）。この [draiv] という発音には，[dr] という子音の連続音が見られます。これは日本語では表記上ありえません。日本語では「ドラ」と分けて考えがちですが，英語の [dr] は途中に母音が挟まれることなく，[d] と [r] が一気に発音されます。さらに３連続の子音もあります。例えば「ストライク」は英語では strike とつづり，発音は [straik] となります。[str] という３つの子音が，一気に，あたかも１音であるかのごとく発音されます。つまり，love も drive も strike もリズム的には同じ１拍で発音されますが，同じリズムでも子音が多く含まれる場合があるので，慣れていないと聞き取りが難しくなるのです。このように，英語には日本語話者が思う以上に子音が多く含まれるため，音声と語のイメージを合致させることが難しいのです。

■ 音節と強勢

音節

先の例で挙げた love, drive, strike は１拍で発音されると説明しましたが，この１拍で発音される音の最小のまとまりを**音節**と呼びます。音節とは母音１つだけか，母音１つを核とし，その前後に子音を伴うまとまりのことをいいます。母音が２つになると，必然的に音節も２つになります。love, drive, strike はすべて核となる母音が１つなので，１音節の単語ということになるわけです。１音節の音は，鉛筆などで机の上を

「タン」と1回たたくときに出る音と考えるとよいでしょう。drive と発音するとき，同時に鉛筆で「タン」とたたくイメージで発音します。けっして「ドライブ」と4音節に分けて発音しないように注意してください。

強勢

　日本語の「ピクニック」を英語で発音してみましょう。つづりは picnic，発音は [piknik] です。この単語では母音が2度出てきますので，[pik] と [nik] という2つの音節からなっていることがわかります。鉛筆でたたくと picnic で「タンタン」となりますが，この場合，最初の音節を少し強めに発音してください。リズムは「**タン・タ**」という感じになります。英単語では，このように，音節が2つ以上になると，いずれかの音節1つが強く発音されます。これを「**強勢（ストレス）**」と言います。強勢の位置は各単語によって決まっているので，辞書を引く際に確かめるようにしてください。

　では，音節と強勢を意識して次のカタカナ語を英語らしく発音してみてください。

(a) コントロール／　**(b)** マネージャー／　**(c)** オペレーター

　(a) が control，**(b)** が manager，**(c)** が operator です。音節数は，**(a)** が2音節（コン・（トゥ）**ロウ**（ウ）），**(b)** が3音節（**マ**・ニ・ジャ），**(c)** が4音節（**オ**・ペ・レイ・タ）です。強勢は，**(a)** は第2音節，**(b)** と **(c)** はどちらも第1音節に置かれています。control は「コントロール」のように長く平たく発音せずに，「タ・**タン**」という2拍のリズムを取って発音しましょう。1つの音節には核となる母音は1つしか含まれません。母音の前後にある子音は1拍の音のまとまりの中に集めてください。日本語の音に引きずられて，余計な母音を挟まないように注意しましょう。

■　2語以上のまとまり

　この**音節**と**強勢**という考え方は，2語以上のフレーズにも適用されます。先に「意味グループ」という考え方を示しました。この意味グループを発音する場合，1つの語のようにまとめた上で，音節と強勢を意識して発音するようにします。先ほど operator は4音節で，第1音節に強勢があることを確認しましたが，こうした音節と強勢という考えはフレーズレベルでも適用できます。例えば次の文を見てください。

例）**Give** it to me.　　　　　　　　※太字部分に強勢が置かれる。

　　「それを私にください」　　　　　　「ギヴィッタミ」のようなひとまとまりの発音。

　これは1つの意味のまとまりを持ったフレーズと言えます。このような場合，「ギ

ヴ，イット，トゥー，ミー」のように1つ1つの単語をはっきり発音するのはまれで，たいていは「**ギヴィッタミ**」のようにひとまとまりで発音します。このように意味のまとまりは1つの単語のように一気に発音してほしいのですが，その際に意識しなければならないのが，**音節**と**強勢**です。Give it to me. の音節と強勢はどのようになっているでしょうか。音節は give で1音節，it で1音節，to で1音節，me で1音節あるので，計4音節です。次に強勢ですが，語句や文のレベルになった場合，一般に，名詞，動詞，形容詞，副詞などの「**内容語**」**に強勢**を置き，冠詞，代名詞，前置詞，接続詞などの「**機能語**」には強勢を置きません。ですから Give it to me. では動詞の give に強勢を置き，その他の代名詞や前置詞の音節は弱くなります。ですから，Give it to me. は，4音節で第1音節に強勢がある operator と同じリズムになります。

■ 連結・脱落

1つの意味グループが1単語のように発音されると，音の**連結**や**脱落**といった現象が起きやすくなります。**連結**とは，語末の子音と次の語の語頭の母音が一体化する現象です。例えば Give it to me. の Give の語末の子音 [v] と it の語頭の母音 [ɪ] は連結し，[vi]（「ヴィ」）となりますから Give it で「ギヴィッ」のようになります。

脱落は子音が連続する場合に起こりやすくなります。子音が連続する場合，前の子音を発音しようとしても，すぐに次の子音の発音の準備が始まるので，結果的に前の子音が弱くなるか，ほとんど聞こえなくなります。これが脱落という現象で，特に語末の [t] や [d] で頻繁に生じます。Give it to me の it の語末の子音 [t] と次の語の to の語頭の子音 [t] は，子音が連続しています。この場合 [tt] と発音されることは普通なく，it の [t] の発音をするかしないかのところで，次の to の [t] の発音が始まるので，結果的に [t] は1つの音しか聞こえません。これは前の [t] の音が完全に消滅するのではなく，口の中では音の準備だけはしている状態で，音としては聞こえなくなるのです。

このように，1つの意味グループを発音する際には，1単語のごとく音節と強勢を意識し，それに付随する連結や脱落といった現象にも注意を払うとよいでしょう。

音読練習において，こうしたことにまで注意を払うことができるようになれば，皆さんのリスニング力は格段に向上していくはずです。問題をただ解いて解説を読むだけでなく，音読練習の教材として，本書をボロボロになるまで利用してほしいと思います。皆さんの健闘を祈ります。

1

ディクテーション

ディクテーションは，聞こえてきた英語を書き取る問題です。まずは音声を聞きながらスクリプトの英文を目で追えることが重要です。聞こえてきた順番で意味を理解し，次の語句を予測しながら聞くようにしましょう。

Check 英文の空所に入る語の聞き取り

英語による講義の一部を聞いて，① 〜 ④ までの空所に入れる語（各2語）を英語で書きなさい。英語は3回流します。 ◀))01

Listen to a part of the course orientation lecture given by a university professor.

I'd like to explain about assignments for this seminar course. Now you may think that your assignments should be done independently. For example, no discussions with your classmates, no sharing of your ideas with fellow students. Perhaps some of your high school teachers in the past might have told you that your work ____①____ class should be your own work. However, I'm not so sure that that is always the case, ____②____ certain courses such as small seminars. The major part of the evaluation for this seminar course is completion of readings and study questions in preparation for class discussions. Then students will be judged for ____③____ participation in those discussions. For each of you to complete your readings and study questions, I'd like to ____④____ to create study groups which will meet outside of class. At times, we can have study group sessions in class if necessary. (恵泉女学園大)

スクリプト Listen to a part of the course orientation lecture given by a university professor.

I'd like to explain about assignments for this seminar course. Now you may think that your assignments should be done independently. For example, no discussions with your classmates, no sharing of your ideas with fellow students. Perhaps some of your high school teachers in the past might have told you that your work ① outside of class should be your own work. However, I'm not so sure that that is always the case, ② particularly for certain courses such as small seminars. The major part of the evaluation for this seminar course is completion of readings and study questions in preparation for class discussions. Then students will be judged for ③ their active participation in those discussions. For each of you to complete your readings and study questions, I'd like to ④ encourage you to create study groups which will meet outside of class. At times, we can have study group sessions in class if necessary.

和訳 ある大学教授によって行われた講座案内の講義の一部を聞いてください。

この演習講座の課題について説明したいと思います。さて皆さんはそれぞれの課題を個人個人で行うべきだと思っているかもしれません。たとえば，けっしてクラスメートと議論したり，仲の良い生徒と自分の考えを伝えあったりするべきではないというふうに。ひょっとするとかつての高校の先生の中には，授業外の課題はあなた自身の課題であるべきだとおっしゃる方もいたかもしれません。しかしながら，私はこのことが常に当てはまるとはあまり思っていません。特に少人数の演習講座のような，ある種の講座には当てはまるとは思いません。この演習講座の成績評価は主に，授業内ディスカッションに備えて，課題書籍を読了し，研究上の疑問点を見つけ出しておくことから採点されます。そして皆さんがそうしたディスカッションに積極的に参加しているかどうかで評価されるでしょう。私は，皆さんそれぞれが課題書籍の読了と研究上の疑問点を見つけ出すために，授業外で会うことになる研究グループを作るよう皆さんに勧めたいと思います。時々，必要に応じて，授業内で研究グループの話し合いの場を設けることもできます。

解説 ① that 節内の主語である your work を後ろから修飾する outside of class「授業外の」の outside of の部分が空所になっています。outside の t と s のように子音が連続する場合，直前の子音が弱く発音されたり，消えてしまったりすることがあります。ここでは outside の t が弱くなり「アウ・サイド」（太字は強勢が置かれる音節）のように聞こえます。また，機能語である前置詞は弱く発音されます。前置詞の of は「オヴ」とはっきり発音されることはなく，弱く「ア」のようになり，outside of で「アウ・サイダ（ヴ）」のように聞こえます。

② that is the case「それは本当だ」という表現に particularly for 〜「特に〜にとっては」が続いた形で，particularly for の部分が空所になっています。particularly は 5 音節の長い単語で，2 音節目の tic の位置に強勢を置いて「パティキュラリ」のように発音します。長い単語なのですばやく書き取らないと，英文の流れを見失ってしまう恐れがあるので注意が必要です。

③　名詞句である their active participation「彼らの積極的な参加」の中の名詞 participation を修飾する their active が空所になっています。their などの人称代名詞はふつう弱く発音されるので聞こえづらく，文法的な知識や文脈で補って考えなければならない場合もあります。ここでは their を the と聞き間違えないようにしたいところです。active は子音の c と t が連続しているので，前にある c [k] が弱く発音され，「ア・ティヴ」のように聞こえます。

④　I'd like to encourage you to ～「私はあなたに～するように勧めたい」という表現の encourage you が空所になっています。encourage は〈encourage ＋人＋to *do*〉の形で使われることが多いので，encourage が聞こえたらこの形を予測することが重要です。人称代名詞 you は弱く発音され，encourage とくっついて「インカレッジュ」のように聞こえます。

正解　① outside of　　② particularly for　　③ their active　　④ encourage you

語句　assignment 图「課題，宿題」，seminar 图「演習，セミナー」，independently 副「個人で，個別に」，might have *done*「～したかもしれない」，that is the case「それは本当だ」，particularly 副「特に」，certain 形「ある～」，evaluation 图「評価」，completion 图「終了」，in preparation for ～「～に備えて」，active 形「積極的な」，participation 图「参加」，complete 動「～を終える」，encourage ～ to *do*「～に…するよう勧める」，create 動「～を作る」，at times「時々」，session 图「集まり，集団活動」，if necessary「必要ならば」

こう聞く！　聞こえてくる英語を前もって予測する

・文法や文脈の知識を用いて，聞こえてくる英語を**前もって予測**しよう。
・**機能語**（冠詞，代名詞，前置詞，接続詞など）**はふつう弱く発音**され，前後の語にくっついて一体化するので注意しよう。
・**子音が連続する場合，前にある子音は弱く発音**されるか，はっきり発音されないことが多いので注意しよう。
例）　good morning　グッ・モーニング（d と m の子音が連続）
　　　 not yet have　ノッ・イエッ・ハヴ（t と y，t と h の子音がそれぞれ連続）

練習問題　解答・解説 ▶ pp.56〜61

1　英語の対話文を聞いて，①〜④までの空所に入れる語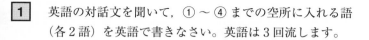
（各2語）を英語で書きなさい。英語は3回流します。

Listen to the following radio interview. Ayaka (A), a presenter for KX Radio, is talking to Elizabeth Vazquez (E), the president of a gender equality NPO.

A:　Good morning everyone.　On today's show we have a very ___①___ .
Her name is Elizabeth Vazquez and she is the president of WEConnect
International, an NPO that helps women get a stronger presence in the
business world.　Elizabeth, could you tell us a bit about your NPO?

E:　Good morning Ayaka, and thank you for inviting me.　WEConnect
International supports and promotes women-owned businesses in over
100 ___②___ the Americas, Asia, Europe, the Middle East and Africa.

A:　That's very impressive.　We will need more businesses run by women in
the future.

E:　Absolutely!　I believe that if we ___③___ in business, we can achieve
our Sustainable Development Goals or SDGs by 2030, especially goal
number 5 which is about gender equality.

A:　What are the challenges we face to achieve this specific goal?

E:　Well, at the moment, women do not yet have the ___④___ , or the
political power, to change the systems that were created primarily by
men.　WEConnect is hoping to help women gain more economic power
so they can close the gap.

A:　I see. Please tell me a little more about how you think the future can
change for women.

（恵泉女学園大）

2 英語を聞いて，① 〜 ⑤ までの空所に入れる数字を書き取
りなさい。英語は３回流します。

Listen to the following information about jobs.

Good afternoon! This week I have information about three part-time jobs, and they're all looking for staff who can start as soon as possible.

The first job is at a popular bakery in the town centre. They need someone who can work Mondays and Wednesdays from ___①___ a.m. to ___②___ p.m., and Fridays are a little bit longer, from ___③___ a.m. to ___④___ p.m. Ideally, the manager is looking for someone who has had some experience in a similar environment because there's no training. So if you've sold food before, then you'll probably have an advantage over other applicants. The pay is £___⑤___ an hour and the bakery is open on public holidays.

（熊本県立大・改）

3 ゴミ処理に関する講義を聞いて，① ～ ④ までの空所に入れる語（各2～5語）を英語で書きなさい。英語は3回流します。 ◀)) 04

Listen to the following lecture about how to deal with garbage in Japan.

We are not perfect yet, but we are slowly but surely ____①____ . Take a look at all the garbage that is waiting to be collected by the waste-disposal trucks, and you will soon see that Japan is making a big effort to recycle. We separate our glass bottles, cans, plastic, paper, and kitchen waste. These things are collected ____②____ .

When old houses, ships, and buildings are torn down, the debris is sorted. It is then used for making new things. The ____③____ again are dumped in landfills. We believe that this is a non-polluting system, and that the underground water is not being polluted. Unfortunately, though, every so often, there are people who want to make a profit and who ignore the law, ____④____ the water.

（熊本県立大・改）

2 短いダイアローグ（応答文）

相手の発話に対する応答文を選択する問題です。相手の発話が疑問文か平叙文かを聞き取りましょう。疑問文であればそれに対する答えを，平叙文であればそれに対する感想や意見，疑問点を問う文などを選択します。

✔ Check 1　疑問詞を用いた疑問文に対する応答

英文を聞いて，発話に対する応答として最も適切なものを選びなさい。　◀))05

① He's been waiting for three hours.
② He will find it over there.
③ The class starts soon.
④ The food was great.

スクリプト Why is John in a hurry?

和訳 ジョンはどうして急いでいるの？

　① 彼は 3 時間待っているんだ。
　② 彼はそれを向こうで見つけるだろう。
　③ 授業がもうすぐ始まるんだ。
　④ 食事はおいしかったよ。

解説 why「なぜ〜？」の疑問文であることをしっかり聞き取り，急いでいる理由を答える文として最も適切なものを選びます。「授業がもうすぐ始まるんだ」と，急いでいる理由を示した ③ が正解です。

正解 ③

語句 in a hurry「急いで」

🎧 こう聞く！　疑問詞に注意して聞く

疑問詞を用いた疑問文に応答する場合は，最初に聞こえてくる疑問詞をよく聞いて，**who** なら「人物」，**what** なら「物・事」，**where** なら「場所」，**when** なら「時」，**why** なら「理由」，**how** なら「方法」や「様子」などについて答えている文を選ぶようにします。また，how は後に続く形容詞や副詞によって問われていることが限定されるので注意する必要があります。たとえば How long 〜? なら「期間」，How many people 〜? なら「人数」が問われています。

Check 2 Yes / No 疑問文に対する応答

英文を聞いて，発話に対する応答として最も適切なものを選びな
さい。 ◀))06

① No, I haven't asked anyone.

② No, I haven't even begun yet.

③ Yes, I was asked to do it.

④ Yes, I will do it in an hour.

スクリプト Have you finished the work I asked you to do?

和 訳 私があなたにするように頼んだ仕事は終わりましたか。

① いいえ，誰にも頼んでいません。

② いいえ，まだ始めてもいません。

③ はい，私はそれをするように頼まれました。

④ はい，1時間後にそれをします。

解 説 Have you finished 〜?「〜は終わりましたか」と問われているので，Yes「も
う終わりました」または No「まだ終わっていません」のどちらかの立場を示
したものが答えになります。「いいえ，まだ始めてもいません」と，「まだ終わ
っていない」という立場を示した ② が正解です。① は，頼んだ仕事が終わっ
たかどうかを尋ねているのに，まだ誰にも頼んでいないという全くかみ合わな
い応答をしているため不適切です。③ と ④ は，Yes と答えた後に続く文の内
容が「もう仕事を終えた」という主旨と合わないため，正解とはなりません。

正 解 ②

語 句 ask 〜 to *do*「〜に…するように頼む」

👂 こう聞く！ Yes / No 疑問文に注意して聞く

Have you 〜? や Did she 〜? あるいは Are you 〜? などのような，Yes/No を問う
疑問文が聞こえてきたら，**質問に対して肯定的な答えか否定的な答えかのどちら
かを前提にした応答を選びます**。ただし，Yes や No という語が含まれるとは限
りません。内容的に Yes または No の立場を示した文を選びましょう。

英文を聞いて，発話に対する応答として最も適切なものを選びな
さい。　　　　　　　　　　　　　　　　　　　　　　　◀))07

　① How did you know that?

　② It was from me.

　③ Today is my birthday.

　④ What was it?

スクリプト She gave me a wonderful present on my birthday.

和 訳 私の誕生日に彼女が素敵なプレゼントをくれました。

　① どうしてそれがわかったのですか。

　② それは私からの贈り物でした。

　③ 今日は私の誕生日です。

　④ それは何でしたか。

解 説 「私の誕生日に彼女が素敵なプレゼントをくれました」という発言には，選択
肢の中では What was it?「それは何でしたか」という，プレゼントの中身を問
うて疑問点を尋ねているものが応答として最も適切なので，④ が正解です。①
は，相手が知っているはずのないことを知っていることに驚いたときに用いる
表現なので，この文脈には合いません。② は，it が a wonderful present を指
すことになり，相手の発話内容を無視した応答になるため，文脈上不適切です。
③ は，相手の発話に対して何もコメントをしていることにならないため，応答
として不適切です。

正 解 ④

語 句 How did you know that?「どのようにしてそのことを知ったの？」

> **こう聞く！**　**平叙文に対する応答に注意して聞く**
>
> 平叙文に対する応答には，その発話に対して意見や感想を述べたり，疑問点を尋
> ねたりする文がきます。発話に対して何かコメントを返すつもりで考えましょう。

Check 4　複数の会話文の最後に続く応答

会話を聞いて，最後の発話に対する応答として最も適切なものを　　🔊))08　
選びなさい。

- ①　I don't think so.
- ②　Yeah, that was exciting.
- ③　Don't tell me the story.
- ④　Didn't you go with me?

スクリプト　M: Have you seen *Devil's Sister*?

　　　W: No, not yet, but I'm going to the cinema tomorrow.

　　　M: I have seen it twice already. It was really exciting!

和訳　男性：『デビルズシスター』を見た？

　　　女性：いいえ，まだなの。でも明日映画館に行くつもりよ。

　　　男性：僕はもう2回見たよ。すごく面白かったよ！

- ①　私はそう思わないわ。
- ②　ええ，それは面白かったわ。
- ③　ストーリーは言わないでね。
- ④　私と行かなかったっけ？

解説　女性が明日見に行くつもりの映画について男性が最後にI have seen it twice already. It was really exciting!「僕はもう2回見たよ。すごく面白かったよ！」と発言しているので，選択肢の中で女性の応答として自然なのは，③「（これから見る映画の）ストーリーは言わないで」になります。①と②は女性が映画をすでに見たことになるので，文脈に合いません。

正解　③

語句　cinema 名 「映画館」

🎧 こう聞く！　会話文は特に最後の発話に注意して聞く

会話に続く応答文を答える場合には，会話の前半部で話題や状況をつかんだ上で，特に最後の発話をよく聞き取るようにしましょう。最後の発話が疑問文であればそれに対する答えを，平叙文であれば文脈に合う適切な感想・意見等を選択するようにします。

1　英文を聞いて，発話に対する応答として最も適切なものを ◀))09
　　選びなさい。

問1　① I've read it.
　　② The one you like most.
　　③ You never gave me one.
　　④ You need to read it.

問2　① About ten years ago.
　　② At a local language school.
　　③ It was easy for me.
　　④ So that I can speak it.

問3　① As soon as I graduated from university.
　　② For five years.
　　③ In three months.
　　④ The colleagues are very nice.

問4　① I didn't want to drive.
　　② It was cheaper to take a bus.
　　③ The bus was very convenient.
　　④ The bus was so crowded.

問5　① Every August.
　　② For years.
　　③ Last winter.
　　④ Once a year.

2 英文を聞いて，発話に対する応答として最も適切なものを 選びなさい。 ◀))10

2
短いダイアローグ（応答文）

問1
① She and I study together.
② I want to try classics.
③ I never see her read a book.
④ The library is near our house.

問2
① He got injured in a car accident.
② He is still attending driving school.
③ He is reading a car magazine.
④ He often helps me wash my car.

問3
① Yes, but I forgot what it was.
② Yes, so you can say that again.
③ No, I have no idea where I'm going next.
④ No, let me tell you something first.

問4
① He doesn't like to do housework.
② He told me to stay home.
③ What does he do?
④ Shall I call him to ask?

問5
① I have no time to receive it.
② It will be a big package.
③ It's already here.
④ It will arrive at our house.

問1　① I'm on my way.
　　② I haven't seen it since then.
　　③ It will start in ten minutes.
　　④ The time passed quickly, though.

問2　① Oh, you need to tell everyone about it.
　　② Wow, it's amazing.　Let's go outside.
　　③ Yes, it is.　Don't forget to take it.
　　④ You're right.　Thank you.

問3　① What movie will you see?
　　② What was the movie about?
　　③ When will the movie come out?
　　④ Would you like to join us?

問4　① I didn't make a phone call.
　　② I wonder who you called.
　　③ That must have been my brother.
　　④ That's why I called you.

問5　① Could you have them call us back?
　　② I wish it weren't snowing.
　　③ Should we change our plans?
　　④ We should take off our winter tires.

4 会話を聞いて，最後の発話に対する応答として最も適切なものを選びなさい。　◀))12

問1　① I'm excited to be here.
　　② My parents live in Tokyo.
　　③ The flight was cancelled.
　　④ No, thank you. I can't wait for dinner tonight.　（フェリス女学院大）

問2　① Yes, go ahead.
　　② It's easier if you take notes.
　　③ Yes, it's been a long time.
　　④ Well, you'll just have to wait.　（フェリス女学院大）

問3　① They paid last week.
　　② It costs too much.
　　③ Where is it?
　　④ Do they love swimming?　（フェリス女学院大）

問4　① Yes, so I'm very nervous.
　　② Yes, I do.
　　③ No, I'd like to eat something.
　　④ No, take your time, please.　（フェリス女学院大）

問5　① It's lovely countryside around there.
　　② That means everything is ready.
　　③ It sounds like things are still up in the air.
　　④ Oh, will you help me?　（フェリス女学院大）

3 短いダイアローグ（内容質問）

2往復程度の短い会話文を聞き、会話の内容に関する質問に答える問題です。音声を聞く前に各選択肢の違いを把握しておきましょう。また、質問が書かれている場合にはそれも確認し、会話から引き出すべき情報を頭に入れておきましょう。

✓ Check 1　紙面上に質問と英文の選択肢が書かれている問題

英語の対話を聞き、質問の答えとして最も適切なものを ① ～ ④ のうちから1つ選びなさい。英文は2回流します。　◀)) 13　

Where will the woman have lunch?

① At home. ② At school.
③ In her office. ④ At the coffee shop.

(北海学園大)

スクリプト

W: A medium latte, a tuna sandwich and a muffin, please.
M: For here or to go?
W: I'll be eating here.
M: That'll be $3.90, please.

和訳

女性：ラテのミディアムとツナサンドイッチとマフィンをお願いします。
男性：こちらでお召し上がりですか、それともお持ち帰りですか。
女性：ここで食べます。
男性：3ドル90セントになります。
質問：女性はどこで昼食をとるか。

① 自宅で。 ② 学校で。
③ 自分のオフィスで。 ④ コーヒーショップで

解説

質問と選択肢が紙面で示されている場合には、音声を聞く前にそれらを読み、会話からどのような情報を得ればよいのかをあらかじめインプットしたうえで聞き始めましょう。この問題では「女性がどこで昼食をとるか」という質問が示され、選択肢に場所の候補が並んでいますので、会話を聞く際に、女性が食事をとる場所を聞き取ることに集中します。女性の注文内容から、コーヒーショップなどのお店にいることがわかります。男性が最初に For here or to go?「こちらでお召し上がりですか、それともお持ち帰りですか」と聞き、女性が I'll be eating here.「ここで食べます」と答えているので、正解は ④ です。

正解 ④

語句 For here or to go?「こちらでお召し上がりですか，それともお持ち帰りですか」

🦻 **こう聞く！** 聞き取りのポイントを絞って聞く

先に質問と選択肢を読み，どんな情報に注意を払えばいいのか，把握しておこう。

Check 2 紙面上に選択肢（イラスト）・質問が音声の問題

英語の対話とそれについての質問を聞き，その答えとして最も適切なものを ① ～ ④ のうちから１つ選びなさい。英文は２回流します。 14

①

②

③

④

(北海学園大)

スクリプト
W: Where shall we eat tonight?

M: Would you mind if we didn't go out to eat after work? I want to watch the baseball game on TV.

W: Hey, we could have dinner at the sports bar. They have a huge screen. We can watch the game there.

M: You're on. Great idea!

Question: Where are the man and woman going to meet?

和訳
女性：今晩どこで食事をする？

男性：仕事の後に外食するのはやめにしない？ テレビで野球の試合を見たいんだ。

女性：ねえ，スポーツバーで夕食を食べることもできるわよ。大きなスクリーンがあるわ。
　　　そこで試合を見られるじゃない。

男性：それでいこう。すばらしい考えだよ！

質問：男性と女性はどこで会う予定か。

解説　選択肢がイラストや図表の場合には，音声を聞く前に，そこに示されている情報の違いを確認しておきましょう。この問題では，4つのイラストに男性と女性がいることは共通していますが，場所が異なっているのでその情報に集中するようにします。① は自宅らしき場所，② はスポーツ観戦ができるバー，③ は野球場，④ は高級レストランです。会話は女性による Where shall we eat tonight?「今晩どこで食事をする？」という「場所」に関する質問から始まります。男性はテレビで野球を見たいから外食はやめようと答えますが，女性はそれに対して，we could have dinner at the sports bar「スポーツバーで夕食を食べることもできるわよ」と提案をし，さらにそこは大きいスクリーンで野球が見られるという点を補足します。男性はそれに同意していますので，二人が会う予定の場所は ② sports bar「スポーツバー」となります。sports bar の意味がわからなくても，「大きいスクリーンがある」，「そこで試合が見られる」などから ② が選べるはずです。baseball という語から ③ を選んだり，go out to eat や dinner などの語から ④ を選んだりしないようにしましょう。

正解　②

語句　Would you mind if we ...?「(勧誘) 〜しませんか」，You're on.「それでいいとも」(相手の申し出に同意するときの表現)

こう聞く！　イラストの情報の違いに注意して聞く

・音声を聞く前にイラストを確認し，それぞれの情報の違いを意識しておこう。
・会話から得られる断片的な情報だけを頼りに答えを選ばないようにしよう。

Check 3　紙面上に選択肢のみ・質問が音声の問題

英語の対話とそれについての質問を聞き，その答えとして最も適切なものを ① 〜 ④ のうちから1つ選びなさい。英文は2回流します。　◀))15

① It will be cancelled.　　② It will start later than scheduled.

③ It will start on time.　　④ It will be changed to tomorrow.

(北海学園大)

スクリプト W: I can't make it to the committee meeting. I'm stuck in traffic.

M: Don't worry. We'll start without you and brief you later.

W: OK, I'll catch up with everything when I get there.

Question: What will happen to the scheduled committee meeting?

和訳 女性：委員会の会議に間に合わないわ。渋滞にはまっているの。

男性：心配いらないよ。君なしで始めて，あとで君に概要を伝えるから。

女性：わかったわ。着いたら全部聞くね。

質問：予定されていた委員会の会議はどうなるか。

① それは中止になる。

② それは予定より遅く始まる。

③ それは予定通り始まる。

④ それは明日に変更になる。

解説 紙面上に選択肢の英文のみが示され，質問が示されていない場合も，まず選択肢を読み，それぞれの情報の違いを確認しておきます。この問題では be cancelled「中止になる」，start later「遅れて始まる」，start on time「予定通りに始まる」，be changed「変更になる」といった違いがあることがわかります。また will があることから，これからどうなるかという点を意識して聞くとよいでしょう。会話は渋滞にはまって会議に間に合わないという女性の発言から始まります。男性はそれを聞いて，We'll start without you ...「君なしで始めるよ」と言い，会議は予定通り行われることを示唆します。それを受けて女性は OK と言っていますので，③ It will start on time.「（予定されていた会議は）予定通り始まる」が正解です。

正解 ③

語句 make it to ～「～に間に合う」，*be* stuck in traffic「渋滞に巻き込まれる」，brief 動「～に要旨を説明する」，catch up with ～「(逃した情報など)を取り戻す，～に追いつく」

こう聞く！ 質問に沿って情報全体を聞き取る

選択肢を先に読んで選択肢間で見られる内容の違いを把握しよう。また，質問によって答え方が変わるので，会話の後に流れる**質問まで気を抜かずにしっかり聞き取ろう。**

1 それぞれの問いについて，英語の対話を聞き，質問の答え
として最も適切なものを ① ～ ④ のうちから 1 つ選びなさ
い。英文は 2 回流します。

問 1 Why does the man like the woman's song?

① Because the song is original.

② Because he likes the woman's voice.

③ Because he's really a songwriter.

④ Because it's a pop song. （共立女子大）

問 2 Why is the news good for the man?

① Because the news came out today.

② Because the man plays baseball.

③ Because the news is about baseball.

④ Because the team the man likes is winning. （共立女子大）

問 3 Why will the woman not go to the museum with the man?

① The woman has to spend her time working.

② The woman doesn't like going to the museum.

③ The woman is afraid of museums.

④ The man is thankful for the woman's work. （共立女子大）

問 4 What does the woman say the man should do?

① She says the man should get a good score.

② She says the man should focus on getting ready.

③ She says he should pass up taking the exam this weekend.

④ She says he should enter college before taking the exam. （共立女子大）

問 5 What will the man most likely do next?

① He will ask where the elevator is.

② He will call a receptionist.

③ He will go to the elevators.

④ He will use the staircase to go up.

2 それぞれの問いについて，英語の対話とそれについての質問を聞き，その答えとして最も適切なものを ① 〜 ④ のうちから 1 つずつ選びなさい。英文は 2 回流します。

◀)) 17

問 1

①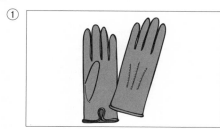

②

③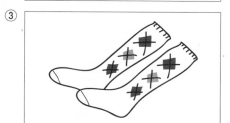

④

問 2

①

②

③

④

問 3

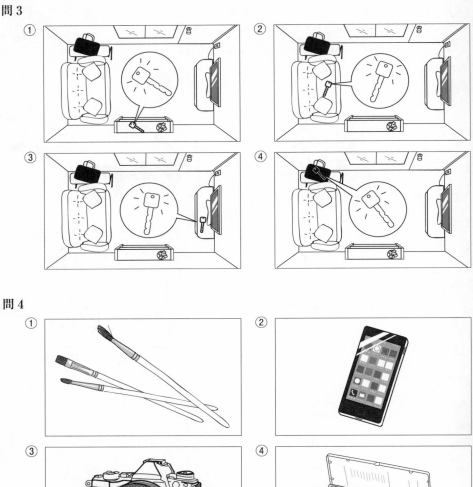

問 4

問 5

①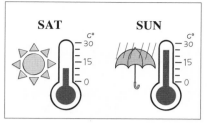

②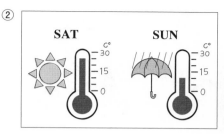

③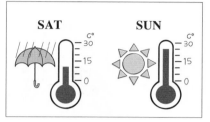

④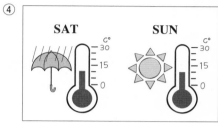

 問 6

①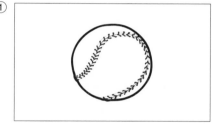

②

③

④

問 7

それぞれの問いについて，英語の対話とそれについての質問を聞き，その答えとして最も適切なものを ① ～ ④ のうちから1つ選びなさい。英文は2回流します。

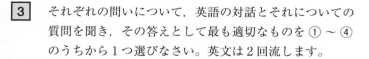

問1　① This morning.
　　　② This afternoon.
　　　③ This evening.
　　　④ Tomorrow.

（北海学園大）

問2　① At a conference in New York.
　　　② At an office in New York.
　　　③ At a conference in Toronto.
　　　④ At an office in Toronto.

（北海学園大）

問3　① The 5:00 performance.
　　　② The 5:45 performance.
　　　③ The 6:45 performance.
　　　④ The 8:45 performance.

（北海学園大）

問4　① At the doctor's office.
　　　② At their office.
　　　③ At the man's home.
　　　④ At a restaurant.

（北海学園大）

短いモノローグ（内容質問）

短めの英文を聞き，内容についての質問に答える問題です。選択肢は英語のほか，イラストやグラフなども含みます。音声を聞く前に質問や選択肢を読み，英文の内容を予測しましょう。

✔ Check 1　紙面上に質問と選択肢が書かれている問題

英文を聞き，質問の答えとして最も適切なものを，① ～ ④ の中から1つ選びなさい。英文は2回流します。　◀))19　

What does the speaker want people to do?

① Drink more water.

② Drive fewer cars and ride bicycles.

③ Pay their taxes on time.

④ Switch to a vegan or vegetarian diet.

(藤女子大)

スクリプト　※下線部は解答の根拠にあたる箇所です。

As the global population grows, it will be increasingly difficult to grow enough food to feed the world's poor. <u>For this reason, we need to change our diet so that we can produce more food on less land while protecting the environment.</u> The best way to do this is to avoid meat and dairy products. These products are less efficient since the feed given to animals requires large amounts of land and water — resources that could be used to grow crops for human consumption.

和訳　世界の人口が増加するにつれ，世界の貧困層に供給するための食料を十分に育てることはますます難しくなっていくだろう。<u>このため私たちは，自然環境を保護しつつ，より小さな土地でより多くの食料を生産することができるように，食生活を変えていく必要がある。</u>これをする最良の方法は，肉や乳製品を避けることだ。これらの製品は，動物に与える飼料が広大な土地と大量の水を必要とするためあまり効率的ではない — 土地や水は人間が消費するための穀物を育てるのに使うことができるかもしれない資源である。

質問：話者は人々に何をしてほしいと思っているか。

① 水をもっと飲む。　　② 車の運転を減らして，自転車に乗る。

③ 税金を期限通りに払う。　④ 菜食主義者になるか，野菜中心の食事に切り替える。

解説　質問は，「話者が人々に何をするよう求めているか」なので，その答えをつか

まえにいくような気持ちで聞きます。第1文で，今後は貧困層に届ける食料供給が十分でなくなるかもしれないという予測を提示し，第2文で，For this reason, we need to change our diet「このため私たちは，食生活を変えていく必要がある」と，人々に求めています。どのように食生活を変えるべきかというと，第3文で The best way to do this is to avoid meat and dairy products.「これをする最良の方法は，肉や乳製品を避けることだ」と言っています。肉や乳製品を避けるということは，言い換えれば野菜中心の食生活になることを意味しますので，正解は ④ です。

正解 ④

語句 feed（～）動「～に食事を与える」，名「(動物の) 飼料」，diet 名「食生活，食事（法）」，so that S can *do*「S が～できるようにするため」，efficient 形「効率的な」，land 名「土地」，resource 名「資源」，consumption 名「消費」

 こう聞く！ 先に質問と選択肢に目を通し，聞き取りのポイントを絞る
音声を聞く前に質問と選択肢を読み，どのような情報を聞き取ればよいかを先に頭に入れてから聞き始めよう。

Check 2 　紙面上に選択肢のみが書かれている問題

英文を聞き，質問の答えとして最も適切なものを，① ～ ④ の中から1つ選びなさい。英文は2回流します。 20

① Early April ② The end of April

③ Early May ④ The middle of May

（名古屋外国語大）

スクリプト ※下線部は解答の根拠にあたる箇所です。

When is the best time to visit Japan? Spring in Japan is famous for the cherry blossoms, which usually come out in early April. However, because of their short period of full bloom, you might miss the best timing. Why don't you choose the middle of May after the so-called Golden Week? You could enjoy fresh green leaves then. While Golden Week is a collection of national holidays from the end of April to the beginning of May and is a popular time for travel, this holiday period is way too busy for me. Therefore, it's not the best time to travel in Japan.

Question: In the speaker's opinion, when is the best time to visit Japan?

和 訳 日本を訪れる最良の時期とはいつでしょうか。日本の春は桜の花で有名で，桜は4月の初旬に開花するのがふつうです。しかし，満開の時期は短いので，最高の時期を逃してしまうかもしれません。ゴールデンウイークと呼ばれる期間の後の5月中旬を選んではどうでしょうか。その時期には新緑を楽しむことができるでしょう。ゴールデンウイークは4月末から5月初めにかけての，国民の祝日が集中している時期で，旅行には人気の時期ですが，この休日の期間は私にはあまりに混雑しすぎています。ですから，この時期は日本を旅行する最良の時期とは言えません。

質問：話者の意見では，日本を訪れる最良の時期はいつか。

① 4月初旬　　　② 4月末　　　③ 5月初旬　　　④ 5月中旬

解 説 選択肢には，時期を表す語句が並んでいるので，何らかの時期を問われるのだと予測して聞いていきましょう。話者は，日本を訪れる時期の候補とそれぞれの時期の特徴について次のように述べています。混乱しないよう次のような簡単なメモを取るなどして整理しながら聞いていきます。

・4月初旬…桜が美しい。満開の時期は短い。

・4月末～5月初め…GW（ゴールデンウイーク）。非常に混雑。

・5月中旬…新緑が美しい。おすすめ。

質問は，日本を訪れる最もよい時期はいつと言っているかということですが，第4文で Why don't you choose the middle of May after the so-called Golden Week?「ゴールデンウイークと呼ばれる期間の後の5月中旬を選んではどうでしょうか」と言っていますので，正解は ④ です。Why don't you ～? とは「～してはどうですか」という意味で，相手に提案や奨励をするときに用いられる表現です。

正 解 ④

語 句 cherry blossom「桜の花」，come out「開花する」，full bloom「満開」，Why don't you ～?「～してはどうですか」，way too ～「あまりに～」

こう聞く！　質問を予測し情報を整理して聞く

質問が紙面に書かれていない場合には，音声を聞く前に選択肢を読み，**問われそうな内容をあらかじめ予測し，情報を整理しながら聞いていくようにしましょう。**

解答・解説 ▶ pp.86 ～ 97

1

  ◀)) 21

問1 英文を聞き，質問の答えとして最も適切なものを，① ～ ④
の中から1つ選びなさい。

In the speaker's opinion, what is the most important thing for getting a
proper rest?

① Getting moderate exercise.
② Getting the right amount of sleep.
③ Separating work and private life.
④ Taking a warm bath. （名古屋外語大）

問2 英文を聞き，質問の答えとして最も適切なものを，① ～ ④ の中から1つ選び
なさい。

Before modern toothbrushes were developed, what materials were
toothbrushes made from?

① Animal products ② Dried grass
③ Plastic ④ Soft rocks （藤女子大）

問3 英文を聞き，X国の鉄鋼の生産の推移を表したグラフとして最も適切なものを
① ～ ④ の中から選びなさい。

①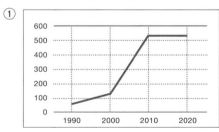

②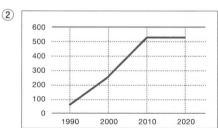

③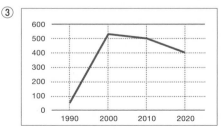

④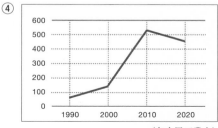

（名古屋工業大）

2 次の問1〜問3について，英語とそれに関する質問を聞き， ◀))22
その答えとして最も適切なものを ① 〜 ④ のうちから1つ
選びなさい。

問1

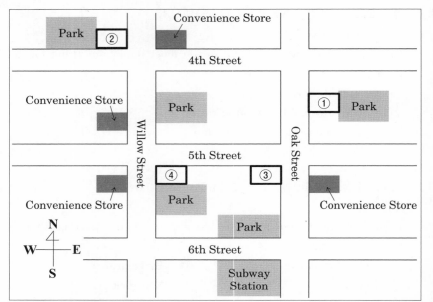

（芝浦工業大・改）

問2 ① A globalized society

② A positive thumbs-up gesture

③ To eat everything on your plate

④ To understand each other's customs

（名古屋外語大）

問3 ① To make yourself busy

② To meet people

③ To move your body

④ To read fiction novels

（名古屋外語大）

3 英語とそれに関する 2 つの質問が 2 回読まれます。それぞ 23
れの質問の答えとして最も適当なものを ① 〜 ④ の中から
選びなさい。

問1　① At night.　　　　　② At noon.
　　　③ At sunrise.　　　　④ At sunset.

問2　① Decorated his home.　② Donated them to a museum.
　　　③ Gave them to friends.　④ Returned them to the sea.

（京都外語大）

4 英文が 2 回読まれます。それに関する次の問 1 〜 3 の質問 24
　　の答えとして最も適当なものをそれぞれ ① 〜 ④ の中から
　　選びなさい。

問1　Why is China mentioned in this talk?
　　　① Bonsai originally came from China.
　　　② Bonsai trees are imported from China.
　　　③ China imported the art of bonsai from Japan.
　　　④ There are a lot of bonsai artists in China.

問2　What do bonsai artists' tools, techniques, and knowledge enable these
　　　artists to do?
　　　① Arrange flowers in a way different from nature.
　　　② Create shallow, tray-like containers for trees.
　　　③ Make paintings of plants that look fully alive.
　　　④ Raise miniature trees that look like full-size ones.

問3　What is the main aim of the art of bonsai for the viewer?
　　　① To have a living wonder to look at.
　　　② To look closely at full-scale trees.
　　　③ To make space for many trees instead of one.
　　　④ To use their creativity, effort and patience.

（京都外語大・改）

3〜5往復以上の長めの会話文を聞き，その内容についての質問に答える問題です。質問が書かれている場合には音声を聞く前にそれらを読んでおくことが重要です。話題の内容と話者それぞれの意見を聞き取りましょう。

✔ Check 　紙面上に質問と英文の選択肢が書かれている問題

長い対話について，3つの質問があります。それぞれの質問の答えとして最も適当なものを，四つの選択肢 ① 〜 ④ のうちから一つずつ選びなさい。　◀))25

問1 Why does the man need help?
① He can't find his sister.
② He can't find the subway station.
③ He is late for a job interview.
④ He lost his smartphone.

問2 Why doesn't the man want to take a taxi?
① A taxi would take too long to get there.
② He doesn't know the phone number.
③ Taxis are too expensive.
④ There are no taxis available.

問3 Why will the woman's sister be able to help?
① She has a smartphone with her.
② She has enough money to pay for a taxi.
③ She is familiar with the area.
④ She is the man's boss.

（藤女子大）

M: Excuse me, ma'am. I think I'm lost. ₁Do you know how to get to the nearest subway station from here?

W: Good question. I know it's around here somewhere, but I'm not sure exactly. I just moved here a few weeks ago, and I'm still trying to figure this place out. Do you have a smartphone with you?

M: I do, but the battery just died. Oh man, I'm running late, and I have to meet my boss at Central Station in about 10 minutes. You're the third person I've asked. Everyone around here is a tourist!

W: Of course it's more expensive, but ₂how about taking a taxi?

M: ₂You know, normally I would, but at this time of day, with this traffic, it'll take at least 25 minutes by car. And I have no way to contact my boss to tell him I'm running late!

W: Oh, we're in luck! Here comes my sister. ₃She works around the corner and takes the subway every day, so she'll know where you should go!

和訳

男性：すみません。道に迷ってしまったようなのです。₁ここから最寄りの地下鉄の駅までの行き方をご存じですか。

女性：よい質問ですね。それがこのあたりのどこかにあることはわかっているんですが，正確にはわかりません。私は数週間前にここに越してきたばかりで，今もこの場所をわかろうと努力しているところなんです。スマートフォンはお持ちですか。

男性：持っています。ですが，バッテリーがちょうど切れてしまったのです。ああ，まずい，遅刻してしまいます。あと10分ほどで，セントラル駅で上司を出迎えなければなりません。あなたで質問するのは3人目です。このあたりは皆さん観光客なんですよ！

女性：もちろんお金が余計にかかりますが，₂タクシーを使うというのはいかがでしょうか。

男性：₂ええ，普通ならそうするところですが，日中のこの時間で，この交通量ですと，車だと最低でも25分はかかるでしょう。それに，上司に私が遅れることを伝えるための連絡手段がないのです！

女性：ああ，ついてますよ！　私の姉が来ました。₃彼女はすぐ近くで働いていて，毎日地下鉄を使っているので，彼女ならあなたがどこに行けばいいかわかりますよ！

問1　男性はなぜ助けを必要としているのか。

① 彼は姉を見つけられない。

② 彼は地下鉄の駅を見つけられない。

③ 彼は就職面接に遅れている。

④ 彼はスマートフォンを紛失した。

問2　男性はなぜタクシーを利用したくないのか。

   ① タクシーはそこに着くのに時間がかかりすぎるだろうから。

   ② 彼は（タクシー会社の）電話番号がわからないから。

   ③ タクシーはお金がかかりすぎるから。

   ④ 利用できるタクシーがないから。

問3　女性の姉はなぜ助けることができるのか。

   ① 彼女はスマートフォンを持っているから。

   ② 彼女はタクシー代を払うだけのお金を持っているから。

   ③ 彼女はこのあたりの地理に詳しいから。

   ④ 彼女は男性の上司だから。

解説　問1　男性が女性に助けを求めているのは，男性の1番目の発話 Do you know how to get to the nearest subway station from here?「ここから最寄りの地下鉄の駅までの行き方をご存じですか」より，正解は ② です。③ は，確かに男性は何かに遅れているようですが，それは男性の2番目の発話にある通り，就職面接ではなく，上司との待ち合わせに遅れそうだということなので，不適です。

問2　男性がタクシーを利用しない理由は，女性の2番目の発話の how about taking a taxi?「タクシーを使うというのはいかがでしょうか」の質問に対して You know, normally I would, but at this time of day, with this traffic, it'll take at least 25 minutes by car.「ええ，普通ならそうするところですが，日中のこの時間で，この交通量ですと，車だと最低でも25分はかかるでしょう」と答えていることからもわかる通り，目的地まで時間がかかりすぎるということですので，正解は ① です。③ は，女性がタクシーはお金が余計にかかると言っていますが，男性はそれに同意していませんので，理由にはなりません。

問3　女性の姉が助けになってくれそうな理由は，女性の最後の発話 She works around the corner and takes the subway every day, so she'll know where you should go!「彼女はすぐ近くで働いていて，毎日地下鉄を使っているので，彼女ならあなたがどこに行けばいいかわかりますよ！」にある通り，このあたりの地理に詳しいからだとわかるので，正解は ③ です。

正解　問1　②　　問2　①　　問3　③

語句　ma'am「奥様，お嬢さん」（madam のくだけた言い方で，女性に対する呼びかけに用いる），Good question.「よい質問です」（質問に答えるのが難しい場合にも用いる），figure 〜 out / figure out 〜「〜を理解する」，die 動「（バッテリーなどが）切れる」，traffic 名

「交通（量）」，contact 動「～と連絡をとる」，be running late「（予定より）遅れている」，Here comes ～.「～が来た」，around the corner「すぐ近くに［で］」

🎧 こう聞く！ **5W1Hに関する細部を聞き取る**

・質問が書かれている場合にはできる限り先に目を通し，会話の中で聞き取るべきポイントを頭に入れておきましょう。

・「誰が」，「何を」，「いつ」，「どこで」，「どのような手段で」，「なぜ」といった，**5W1H**に関する細部をメモで整理しながら聞き取るようにしましょう。

長いダイアローグ（内容質問）

1　　　　　　　　　　　　　　　　　　　　　　◀))26

問1　これから会話文が流れます。会話文を聞いて，男性が購入する可能性の最も高いスマートフォンケースを，四つの選択肢 ① ～ ④ の中から1つ選びなさい。

①　

②　

③　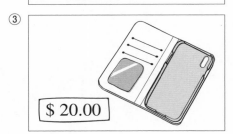

④　

（南山大・改）

問2　これから会話文が流れます。会話文を聞いて，次の質問の答えとして最も適当なものを，① ～ ④ の選択肢の中から1つ選びなさい。

　質問　Why can't the woman hand in her paper today?

　①　She can't find the professor's mailbox.

　②　She hasn't typed the assignment.

　③　She has finished it too early to submit.

　④　She doesn't understand the question.

（南山大・改）

2 これから会話文が流れます。会話文について３つの質問が 27
あります。それぞれの質問の答えとして最も適当なものを，
四つの選択肢 ① ～ ④ のうちから一つずつ選びなさい。

問 1 What are the man and woman going to do?

① Attend a concert.

② Go to Fukuoka.

③ Relax in the park.

④ Buy a ticket.

問 2 Where are the man and woman now?

① In Tokyo.

② In Fukuoka.

③ In Korea.

④ In Switzerland.

問 3 Why did the woman come to Japan?

① To do business.

② To visit Tokyo.

③ To buy a ticket.

④ To attend a concert.

（北海学園大・改）

3 これから **2** の続きの会話文が流れます。会話文について
3つの質問があります。それぞれの質問の答えとして最も
適当なものを，① 〜 ④ の選択肢のうちから一つずつ選び
なさい。

問 1 Where did the woman go last month?
  ①   To Paris.
  ②   To Berlin.
  ③   To London.
  ④   To Amsterdam.

問 2 Why are there few K-pop concerts in Europe?
  ①   The fan base is too small.
  ②   There are few promoters.
  ③   They are difficult to set up.
  ④   It is too far for groups to go.

問 3 What does the man say about the Korean language?
  ①   It was difficult for him to learn.
  ②   It is somewhat similar to English.
  ③   It led to his interest in Korean pop music.
  ④   Most students study it because it's easy.

（北海学園大・改）

4 長い会話文とそれについての5つの質問が2回読まれます。 ◀)) 29
それぞれの質問の答えとして最も適当なものを，① 〜 ④
の選択肢のうちから一つずつ選びなさい。

問1　① She lived in Tokyo.

　　② She lived in Osaka.

　　③ She lived in Yokohama.

　　④ She lived in Sapporo.

問2　① He visited them in the summer.

　　② He visited them in September.

　　③ He visited them in August.

　　④ He visited them in November.

問3　① He worked at a convenience store.

　　② He worked at a fast-food restaurant.

　　③ He worked at a hotel.

　　④ He worked in his neighborhood.

問4　① He always goes to Tokyo Disneyland.

　　② He always goes shopping.

　　③ He visits his cousins.

　　④ He visits his grandparents.

問5　① He likes playing board games the most.

　　② He likes watching movies the most.

　　③ He likes playing video games the most.

　　④ He likes playing Go with his grandpa the most.

（札幌大・改）

長いダイアローグ（T／F問題）

長い会話文を聞き，紙面に書かれた文の内容が会話の内容に合致するかどうかを判断する問題です。音声を聞く前に問題英文を読んでから音声に集中して聞いていきましょう。

> **✓ Check** 会話の細部の情報に注意する

これから放送される会話の内容に関して，次の1〜6の各文がそれぞれ放送された内容に合っていればTを，合っていなければFと書きなさい。会話は2回放送します。

1. The new steakhouse is near the train station.
2. The woman's graduation party was at the Thai restaurant.
3. The food is not expensive at the Thai restaurant.
4. The woman will be paying for everyone's dinner.
5. The mother's birthday is on Saturday.
6. The woman will make a reservation for six o'clock.

（南山大・改）

スクリプト ※下線部は解答の根拠にあたる箇所です。数字は選択肢の番号です。

W: Darren, have you thought about where we should take Mom for her birthday dinner? I'd like to take her somewhere nice.

M: What about that new steakhouse restaurant that just opened? ₁The one near the bus station.

W: You're joking right? Have you seen the long lines outside that place? We'll never get a table.

M: Oh, yeah, you're probably right. ₂Then, how about going to the Thai restaurant we went to for your high school graduation party?

W: That's a great idea! I didn't even consider that place. The food is tasty, and the service is excellent. ₃It isn't cheap, though.

M: That's okay. Thanks to your bonus, you can afford to pay for all of our meals.

W: ₄Nice try. You and I will be splitting the bill 50-50. Do you think I should make a reservation?

M: I would. It seems to be popular and ₅you want to go this Saturday, right?

W: ₅<u>Definitely. That is Mom's birthday, after all.</u> ₆<u>I'll call and make a reservation for six of us. How does 7 pm sound?</u>

M: ₆<u>Seven is perfect!</u> I'll let Mom and Dad know.

和訳

女性：ダレン，お母さんの誕生日のディナーにどこに連れて行ってあげるべきか考えた？　すてきなところに連れ行ってあげたいのだけど。

男性：開店したばかりの新しいステーキハウスレストランはどうかな？　₁<u>バスターミナルの近くのところだよ。</u>

女性：冗談でしょ？　あのお店の外にできている長い列を見たことある？　絶対に席を取れないから。

男性：うん，まあ，たぶんその通りだね。₂じゃあ，きみの高校の卒業パーティーで行ったタイ料理店に行くのはどう？

女性：それはいい考えね！　そのお店は考えもしなかったわ。味はいいし，サービスもすばらしいもの。₃でも，安くはないわね。

男性：大丈夫だよ。きみのボーナスのおかげで，僕たちの食事代を全部払う余裕があるからね。

女性：₄そうはいかないわよ。私とあなたで半々の割り勘よ。予約を入れるべきかしら？

男性：僕だったらそうするね。人気店のようだし，₅今度の土曜日に行きたいんだろう？

女性：₅もちろんよ。だってその日がお母さんの誕生日なんだから。₆電話して，私たち6人分の予約を入れておくわ。午後7時はどうかしら？

男性：₆7時でいいよ！　僕はお母さんとお父さんに知らせておくよ。

1.　新しいステーキハウスは鉄道の駅の近くにある。

2.　女性の卒業パーティーはタイ料理店で行われた。

3.　タイ料理のレストランは，食事の値段は高くない。

4.　女性は全員分の夕食代を払うだろう。

5.　お母さんの誕生日は土曜日だ。

6.　女性は6時に予約を入れるだろう。

解説

1.　ステーキハウスの場所は，男性の1番目の発話の後半 The one near the bus station.「バスターミナルの近くのところ（ステーキハウスレストラン）だよ」の通り，near the train station「鉄道の駅の近く」ではないので，F です。

2.　男性の2番目の発話 ... the Thai restaurant we went to for your high school graduation party「きみの高校の卒業パーティーで行ったタイ料理店…」とあるので，T です。

3. タイ料理店の料理は，女性の３番目の発話の最終文 It isn't cheap, though.「でも，安くはない」とあるので，F です。

4. 男性が３番目の発話で女性に夕食代を払うように言いますが，女性はそれを受けて <u>You and I will be splitting the bill 50-50.「私とあなたで半々の割り勘よ」</u>と言い返していますので，F です。この発話の最初の Nice try. というのは「うまい手だ，がんばったね」という意味ですが，ここでは皮肉的に「その手にはのらない」ということを表しています。

5. 男性が４番目の発話で you want to go this Saturday, right?「今度の土曜日に行きたいんだろう？」と言うと，女性はそれに対し，Definitely. That is Mom's birthday, after all.「もちろんよ。だってその日がお母さんの誕生日なんだから」と答えていますので，T です。

6. 女性が最後の発話で I'll call and make a reservation for six of us. How does 7 pm sound?「電話して，私たち６人分の予約を入れておくわ。午後７時はどうかしら？」と言った後，男性が同意しているので，予約を入れる時間は６時ではなく７時ということになります。したがって F です。数値情報はなるべくメモをとりましょう。ここでは「<u>6</u> 人」「<u>7</u> 時」とメモを取りたいところです。

| 正解 | 1. F | 2. T | 3. F | 4. F | 5. T | 6. F |

語句　bus station「バスターミナル，バス発着所」，graduation 图「卒業」，can afford to *do*「～する金銭的余裕がある」，Nice try.「それはうまい手だ」（その手には乗らないというニュアンスがある），split the bill「割り勘にする」，after all「そもそも」

🎧 こう聞く！　音声を聞きながらメモを取るようにしよう！

・音声が流れる前に英文を読んでおき，**会話の内容を予測する**ようにしましょう。

・ただし，**間違いの英文も複数あるため**，書かれていることがすべて正しいと思い込まないよう注意が必要です。

・会話の中で話されている**日時や場所などの細部の情報は**，できる限りメモを取るようにしましょう。

・慣れてきたら音声を聞きながら英文の真偽を判断することもできますが，慣れるまでは**読む作業と音声を聞いてメモを取る作業を分ける**ようにしましょう。

1 これから放送される会話の内容に関して，次の 1 ～ 10 の 🔊31
各文がそれぞれ放送された内容に合っていれば T を，合っ
ていなければ F と書きなさい。会話は 2 回放送します。

1. Tony went to New York to see a musical.
2. Betty celebrated her 90th birthday in New York.
3. Tony recently came back from New York.
4. Tony's elementary school teacher became 90 years old.
5. The High Line is located on the east side of Manhattan.
6. Betty heard about the High Line in 2009.
7. The train still runs across the High Line.
8. A railroad no longer in use was recycled and made into a park.
9. As you walk along the High Line, you can see wild plants and artwork.
10. Betty is not interested in the High Line.

（清泉女子大）

2 これから放送される会話の内容に関して，次の 1 ～ 6 の各 🔊32
文がそれぞれ放送された内容に合っていれば T を，合って
いなければ F と書きなさい。会話は 2 回放送します。

1. Both Benji and Karena think that the professor's course policy sounds exciting.
2. Karena suggests that deciding a group leader can be done at the meeting.
3. Benji is worried that he will not have anything in common with other people in his group.
4. Students, who create study groups, have to stay together as one team.
5. The professor wants the students to develop effective communication skills in group situations.
6. Karena thinks that Benji would be a good leader for a study group.

（恵泉女学園大）

1 正解

①	special guest	②	countries across
③	support women	④	economic power

スクリプト Listen to the following radio interview. Ayaka (A), a presenter for KX Radio, is talking to Elizabeth Vazquez (E), the president of a gender equality NPO.

A: Good morning everyone. On today's show we have a very ① special guest. Her name is Elizabeth Vazquez and she is the president of WEConnect International, an NPO that helps women get a stronger presence in the business world. Elizabeth, could you tell us a bit about your NPO?

E: Good morning Ayaka, and thank you for inviting me. WEConnect International supports and promotes women-owned businesses in over 100 ② countries across the Americas, Asia, Europe, the Middle East and Africa.

A: That's very impressive. We will need more businesses run by women in the future.

E: Absolutely! I believe that if we ③ support women in business, we can achieve our Sustainable Development Goals or SDGs by 2030, especially goal number 5 which is about gender equality.

A: What are the challenges we face to achieve this specific goal?

E: Well, at the moment, women do not yet have the ④ economic power, or the political power, to change the systems that were created primarily by men. WEConnect is hoping to help women gain more economic power so they can close the gap.

A: I see. Please tell me a little more about how you think the future can change for women.

和訳 次のラジオインタビューを聞いてください。KX ラジオのキャスターのアヤカ（A）が，性の平等を推進する NPO の代表，エリザベス・バスケス（E）に話しかけています。

　　　　アヤカ：皆さん，おはようございます。本日の番組では大変特別なゲストをお迎えしております。お名前はエリザベス・バスケスさんで，女性がビジネスの世界でより強い存在感を発揮できるよう手助けしている WEConnect International という NPO の代表を務めていらっしゃいます。エリザベスさん，あなたの NPO について少しお話ししていただけますか。

エリザベス：アヤカさん，おはようございます。そしてお招きいただきありがとうございます。WEConnect International は，南北アメリカ，アジア，ヨーロッパ，中東，そしてアフリカにいたる 100 を超える国々で，女性の経営する企業を支援し，推進しているんです。

アヤカ：それはとてもすばらしいです。これからは女性が経営する企業が増えていく必要がありますよね。

エリザベス：そのとおりです！　私は，ビジネスにおいて女性を支援すれば，2030 年までに「持続可能な開発目標」（SDGs），特に性の平等に関する第 5 の目標を達成することができると信じています。

アヤカ：この特定の目標を達成するのに直面する課題とはどのようなものでしょうか。

エリザベス：そうですね，差し当たり，主に男性によって作られた制度を変えるだけの経済力や政治力を，女性はまだ持っていないということですね。WEConnect は女性たちがその差を埋めることができるようにするため，彼女たちがより大きな経済力を手に入れられるよう援助したいと思っています。

アヤカ：なるほど。女性にとって未来がどのように変わりうるとお考えなのか，もう少し教えてください。

解説

① a very special guest「大変特別なゲスト」の special guest の部分が空所になっています。very がきたら，その次の語は形容詞か副詞になります。special は形容詞で名詞の guest を修飾しています。special の sp の部分は「スペ」のようにはっきり分けて発音せず，「ペ」という音の前に軽く s の音を添える感じで発音します。また最後の l の部分は「ル」とはっきり発音されず，どちらかというと「ウ」に近い発音です。日本語の「ゲスト」は 3 音節ありますが，英語の guest は 1 音節です。「ゲスト」のように発音されて，最後の st の部分は日本語の「スト」のようには発音しないので注意しましょう。

② over 100 countries across ～「～にいたる 100 を超える国々」という表現の countries across の部分が空所になっています。

③ if 節内の動詞と目的語 support women「女性たちを支援する」の部分が空所になっています。support の t と women の w はどちらも子音で，前の子音 t が弱く発音され，「サポー・ウィミン」のように聞こえます。特に語末の t は弱く発音される傾向にあります。

④ the economic power「経済力」の economic power の部分が空所になっています。economic の語末の c [k] と power の語頭の p は連続した子音なので，前の子音である c [k] が弱くなり，全体で「エコノミッ・パワ」のように聞こえます。

presenter 图「キャスター，総合司会」，president 图「(団体の) 代表，社長」，NPO「非営利組織」(= nonprofit organization)，presence 图「存在感，影響力」，promote 動「～を促進する」，impressive 形「すばらしい，感動的な」，run 動「～を経営する」，absolutely 副「まさにそのとおり，絶対的に」，achieve 動「～を達成する」，Sustainable Development Goals「持続可能な開発目標」(国連が掲げた 17 の達成目標のこと。SDGs と略されることも多い)，challenge 图「課題，難題」，specific 形「特定の，具体的な」，at the moment「差し当たり，今のところ」，primarily 副「主に，第一に」

---

2 **正解**

①	8:30	②	12:30	③	7:45	④	1:00 (1)	⑤	11.50

スクリプト Listen to the following information about jobs.

Good afternoon! This week I have information about three part-time jobs, and they're all looking for staff who can start as soon as possible.

The first job is at a popular bakery in the town centre. They need someone who can work Mondays and Wednesdays from ① 8:30 a.m. to ② 12:30 p.m., and Fridays are a little bit longer, from ③ 7:45 a.m. to ④ 1:00 (1) p.m. Ideally, the manager is looking for someone who has had some experience in a similar environment because there's no training. So if you've sold food before, then you'll probably have an advantage over other applicants. The pay is £ ⑤ 11.50 an hour and the bakery is open on public holidays.

和訳 仕事についての次の情報を聞きなさい。

こんにちは！　今週は 3 つのアルバイトについての情報をお伝えしますが，彼らは皆できる限り早く始められる人を探しています。

最初の仕事は町の中心部にある人気のあるベーカリーです。月曜日と水曜日は，午前 8 時 30 分から午後 12 時 30 分までで，金曜日は少し長くて，午前 7 時 45 分から午後 1 時まで働ける人を必要としています。理想を言うと，店主は，研修がないので，類似の労働環境での経験がある方を求めています。ですから，もしあなたが以前食品を販売したことがあるのであれば，おそらく他の応募者よりも有利になるでしょう。給料は時給 11.5 ポンドで，ベーカリーは祝日も営業しています。

解説 ここではすべて数字を聞き取ります。① ～ ④ は時刻，⑤ は金額です。数字が聞こえてきたら，即座に算用数字でメモをとるようにしましょう。

時刻は，「時間」と「分」を分けて発音します。たとえば，午前 6 時 30 分であれば six thirty a.m.，午後 3 時 45 分であれば three forty-five p.m. のようになります。午後 2 時ちょうどは，two p.m. または two in the afternoon です。た

だし正午は noon，夜中の 12 時は midnight と言う場合もあります。この問題の ① では eight thirty と聞こえたので 8:30，② は twelve thirty と聞こえたので 12:30，③ は seven forty-five なので 7:45，④ は one なので 1:00（1）となります。

金額は，アメリカはドル（dollar）およびセント（cent），イギリスはポンド（pound）（発音は [paund]）およびペニー（penny（単数））／ペンス（pence（複数）），ユーロ加盟国はユーロ（euro）およびセント（cent）を単位として使います。セントやペンスは 100 分の 1 の単位なので，たとえばイギリスでは 100 ペンスが 1 ポンドになります。金額の表し方は，たとえば £10（10 ポンド）は ten pounds，£10.25（10 ポンド 25 ペンス。ポンドとペンスの間はピリオドで区切ります）は ten pounds and twenty-five pence と発音します。ただし，pence を発音せずに ten pounds (and) twenty-five となったり，pounds も省いて ten twenty-five となったりすることもあります。ドルとセント，ユーロとセントの場合も同様です。この問題の ⑤ では eleven pounds and fifty pence と聞こえたので，11.50 が正解です。

語句 part-time 形「アルバイトの」，bakery 名「ベーカリー」，ideally 副「理想を言うと」，manager 名「店主，管理者」，have an advantage over 〜「〜より有利である」，applicant 名「応募者」

ここが■ポイント 数字の読み方に注意して聞こう。ここでは代表的な数字の読み方を確認しておきます。次の数字を英語で書いてみましょう。

① 1,200　② 15,000　③ 333,000　④ 25,000,000　⑤ 7,000,000,000
⑥ 1,000,000,000,000　⑦ 1/3　⑧ 2/3　⑨ 1/100　⑩ 1/2　⑪ 3/4
⑫ 1.5　⑬ 0.57　⑭ 1.032　⑮ 午前 9：45　⑯ $33.50　⑰ 1995 年
⑱ 2021 年　⑲ 794 年　⑳ 1003 年

【正解】
① one thousand (and) two hundred または twelve hundred
② fifteen thousand
③ three hundred (and) thirty-three thousand
④ twenty five million　　⑤ seven billion
⑥ one trillion　　⑦ one third または a third
⑧ two thirds　　⑨ one hundredth
⑩ one half または a half　　⑪ three quarters
⑫ one point five

⑬　zero point fifty seven または zero point five seven

⑭　one point oh three two または one point zero three two

⑮　nine forty-five a.m. または nine forty-five in the morning または (a) quarter to ten a.m.

⑯　thirty-three dollars (and) fifty (cents) または thirty-three fifty

⑰　nineteen ninety-five

⑱　twenty twenty-one または two thousand (and) twenty-one

⑲　seven hundred (and) ninety-four

⑳　ten oh three または one thousand (and) three

3　**正解**

①	getting there	②	on different days
③	items that can't be used	④	ending up polluting

スクリプト　Listen to the following lecture about how to deal with garbage in Japan.

　　We are not perfect yet, but we are slowly but surely ① getting there. Take a look at all the garbage that is waiting to be collected by the waste-disposal trucks, and you will soon see that Japan is making a big effort to recycle. We separate our glass bottles, cans, plastic, paper, and kitchen waste. These things are collected ② on different days.

　　When old houses, ships, and buildings are torn down, the debris is sorted. It is then used for making new things. The ③ items that can't be used again are dumped in landfills. We believe that this is a non-polluting system, and that the underground water is not being polluted. Unfortunately, though, every so often, there are people who want to make a profit and who ignore the law, ④ ending up polluting the water.

和訳　日本におけるゴミの処理のしかたについての次の講義を聞きなさい。

　　私たちはまだ完全にではないが，ゆっくりと，しかし確実に目的を達成しつつあります。ゴミ収集車の収集を待っているあらゆるゴミを見てみれば，日本がリサイクルに向けて多大な努力を払っていることがすぐにわかるでしょう。私たちはガラス瓶，缶，プラスチック，紙，生ごみを分別しています。こうしたものは異なる日に収集されます。

　　古い家屋や船，建物が解体されるとき，がれきは仕分けられます。そして新たな物を作るときにそれが使われます。再び使うことのできないものは埋立地に捨てられます。私たちはこれが汚染を生み出さないシステムで，地下水は汚染されていないと信じています。しかし残念ながら，時に，利益を得たくて法律を無視し，結果的に水を汚染させてしまう人々がいるのです。

解説 ① we are slowly but surely getting there という節の getting there の部分が空所になっています。getting のように t の後に母音が続くと特にアメリカ英語では「ラ行」に近い音になり，getting が「ゲリン」のようになることがあるので注意しましょう。同様の例としては，better が「ベラ」，water が「ワラ」，putting が「プリン」などがあります。

② 前置詞句の on different days が空所になっています。on は機能語であり，聞き取りづらいですが，最後に days がきていますので，前置詞が日付や曜日に使う on になることは推測できると思います（例：on Monday, on weekdays, on my birthday など）。different の t と days の d が連続していますので，前に置かれた t は弱く発音され，「ディファレン・デイズ」のように聞こえます。

③ 文の主語 The items that can't be used again の items that can't be used の部分が空所になっています。ここでも語と語の間に子音の連続が見られます。まず，items の s [z] と that の th [ð]，次に that の t と can't の c [k]，さらに can't の t と be の b，これらはすべて前にある子音が弱く発音されるため，items that can't be が「アイテム・ザッ・キャン・ビ」のように聞こえます。ただし，それぞれの語末の子音は完全に消えてしまうわけではなく，次に続く語の先頭の子音の直前で飲み込まれるようにして弱く発音されます。1 語 1 語区切って発音するわけではないことを再確認してください。

④ 分詞構文の ending up polluting the water の ending up polluting の部分が空所になっています。end up は直後に動名詞をとって，「結局～する」という意味で用いられます。up の p は polluting の p に飲み込まれるような形になり，全体では「エンディンアッ・ポルーティン」のように聞こえます。

語句 get there「目的を達成する，成功する」，disposal 名「処理，処分」，separate 動「～を分別する」，tear down ～「～を解体する」，debris 名「がれき」，sort 動「～を仕分ける」，item 名「品目」，dump 動「(ゴミ) を投棄する」，landfill 名「ゴミ埋立地」，non-polluting 形「汚染しない」，pollute 動「～を汚染する」，every so often「時に」，profit 名「収益」，ignore 動「～を無視する」，end up *doing*「結局～する」

2 短いダイアローグ（応答文）

1	正解	1.	②	2.	②	3.	②	4.	④	5.	①

問1

スクリプト Which of these books of mine do you want to read?

和訳 私の持っているこれらの本のうちどれをあなたは読みたいですか。

① それは読んだことがあります。

② あなたが一番好きな本です。

③ あなたは決して私に本をくれませんでした。

④ あなたはそれを読む必要があります。

解説 Which で始まる文で，「これらの本のうちのどれを読みたいか」と問われているので，読みたい本をずばりと指定した ② の The one you like most.「あなたが一番好きな本です」が正解です。

語句 these books of mine「私の持っているこれらの本」（×these my books とは言わない。）

問2

スクリプト Where did you learn to speak Spanish?

和訳 あなたはスペイン語を話すのをどこで習ったのですか。

① およそ 10 年前です。　　② 地元の語学学校です。

③ それは私には簡単でした。　　④ 私がそれを話せるように。

解説 Where で始まる文で，「スペイン語をどこで習ったのか」と問われているので，習った場所を述べた ② の At a local language school. が正解です。

語句 local 形「地元の」，so that S can *do*「S が〜できるようにするため」

問3

スクリプト How long have you been working for the company?

和訳 あなたはどれくらいの期間その会社で働いていますか。

① 大学を卒業してすぐです。　　② 5 年間です。

③ あと 3 カ月です。　　④ 同僚はとてもすばらしいです。

解説 How long 〜?「どれくらいの間〜？」と「期間」を問われているので，For five years.「5 年間です」と答えている ② が正解です。① As soon as I graduated from university. は，When did you start to work for the company?「いつその

会社で働き始めましたか」などの過去形の疑問文に対する応答です。③ In three months. は how soon ～?「あとどれくらいで～?」または when ～?「いつ～?」に対する応答です。for ～「～の期間，～の間」と in ～「あと～で，～経てば」の区別をつけましょう。

語句 work for ～「～に勤務する」，graduate from ～「～を卒業する」，colleague 名「同僚」

問4

スクリプト Why didn't you take that bus?

和訳 なぜあなたはそのバスに乗らなかったのですか。

① 運転したくなかったからです。　　　② バスに乗る方が安かったからです。
③ バスがとても便利だったからです。　④ バスがとても混雑していたからです。

解説 Why で始まる文で，バスに乗らなかった理由を問われているので，The bus was so crowded.「バスがとても混雑していたから」とその理由を答えている ④ が最も適切な応答文となります。① は，話者がバスを運転する立場にあるかのような返答になりますし（take the bus は利用者の立場で「バスに乗る」という意味），② と ③ はバスに乗った理由になってしまいます。

語句 take a bus「バスに乗る」

問5

スクリプト When does that village hold its annual festival?

和訳 その村は年1回のお祭りをいつ行うのですか。

① 毎年8月です。　　　　　　　　　② 何年にもわたってです。
③ この前の冬です。　　　　　　　　④ 1年に1度です。

解説 When で始まる文で，「年1回のお祭りをいつ行うか」と問われているので，毎年どの時期に行うかを答える必要があります。したがって Every August.「毎年8月です」と応答している ① が正解です。同じ when で始まる質問であっても，後に続く内容によって，ふさわしい応答文には，さまざまな「時」があるので注意が必要です。②③④ も「時」について答えてはいますが，放送文に対する応答にはなっていません。

語句 hold 動「～を開催する」，annual 形「年1回の」

問 1

〔スクリプト〕 Does your sister enjoy reading books?

〔和訳〕 あなたのお姉さんは読書を楽しんでいますか。

① 彼女と私は一緒に勉強します。

② 私は古典を読んでみたいです。

③ 彼女が読書しているのを見たことがありません。

④ 図書館は私たちの家の近くにあります。

〔解説〕 質問に対して Yes「読書を楽しんでいる」か, No「読書を楽しんでいない」の立場を示した応答を選択します。③ I never see her read a book.「彼女が読書しているのを見たことがありません。」と応答すれば, No の立場を示したことになります。② は主語が She であれば正解になりそうですが, I になっているので誤りです。

〔語句〕 classic 名「古典」

問 2

〔スクリプト〕 Does your brother have a driver's license?

〔和訳〕 あなたのお兄さんは運転免許を持っていますか。

① 彼は自動車事故でけがをしました。

② 彼はまだ自動車学校に通っています。

③ 彼は車の雑誌を読んでいます。

④ 彼はよく私が自分の車を洗うのを手伝ってくれます。

〔解説〕 「あなたの兄は運転免許を持っているか」という質問をされているのですから, Yes「運転免許を持っている」か, No「運転免許を持っていない」のどちらかを答えていることになる応答を選択します。② He is still attending driving school.「彼はまだ自動車学校に通っています」と応答すれば, No「運転免許を持っていない」ということになります。

〔語句〕 attend 動「〜に通う」

問 3

〔スクリプト〕 Were you going to say something to me?

〔和訳〕 あなたは私に何か言うつもりでしたか。

① はい, でもそれが何だったか忘れました。

② はい，ですからあなたの言う通りです。

③ いいえ，次にどこに行くのかわかりません。

④ いいえ，先に私からあなたに言わせてください。

解説 質問に対して Yes「何か言うつもりだった」か，No「何も言うつもりではなかった」の立場を示した応答を選択します。すべて最初に Yes/No と答えていますので，あとに続く部分がその立場をきちんと示しているかどうかで判断しましょう。① Yes, but I forgot what it was. と応答すれば，Yes の立場を示した上で，「言おうと思っていたことを忘れてしまった」となり，質問に対するかみ合った答えになります。

語句 you can say that again「あなたの言う通りだ」

問4

スクリプト Isn't your father at home now?

和訳 あなたのお父さんは今家にいないのですか。

① 父は家事をするのが好きではありません。

② 父は私に家にいるように言いました。

③ お父さんの仕事は何ですか。

④ 父に電話して聞きましょうか。

解説 本来であれば質問に対して Yes「父は家にいる」か，No「父は家にいない」のどちらかの立場を示した応答を選択しますが，本問では ④ Shall I call him to ask?「父に電話して聞きましょうか」が正解です。Yes/No のどちらの立場でもなく，「知らないから聞いてみる」ということです。

語句 Shall I ～?「(私が) ～しましょうか」

ここが ポイント 質問に対する応答には，Yes/No だけでなく，逆に質問したり，I'm not sure. や I have no idea. などで返答するといった，「質問に対する答えがわからない」という Yes/No のどちらでもない立場で述べる文もありうる。

問5

スクリプト Do you know when the package will arrive?

和訳 あなたは小包がいつ届くかわかりますか。

① 私はそれを受け取る時間はありません。

② それは大きな小包でしょう。

③ それはもうここにあります。

④　それはわれわれの家に届くでしょう。

解説　質問に対して Yes「小包がいつ届くか知っている」か，No「小包がいつ届くか知らない」の立場を示した応答を選択します。③ It's already here.「それはもう届いています」と応答すれば，Yes の立場を示したことと同じになります。

語句　package 名「小包」

3　**正解**　| 1. | ④ | 2. | ④ | 3. | ① | 4. | ③ | 5. | ③ |

問1

スクリプト　The movie lasted almost three hours.

和訳　その映画は 3 時間近く続いたね。

① 私は今向かっているところです。　　　② 私はそれ以来見ていません。

③ それは 10 分後に始まるよ。　　　④ でも時間はすぐにたちましたね。

解説　「映画は 3 時間近く続いたね」という発話に対する応答として，④ The time passed quickly, though.「でも時間はすぐにたちましたね」とすれば，「上映時間は長かったけれど，内容は面白くてあっという間に時間がたった」と答えていることになり，文脈に合います。

語句　last ＋ 時間「(ある時間) 続く」，be on one's way「今向かっているところだ」，pass 動「過ぎる」

問2

スクリプト　I think your wallet is on the table outside.

和訳　あなたの財布が外のテーブルの上にあると思います。

① ああ，あなたはそのことについてみんなに言う必要がありますね。

② わあ，すばらしい。外に出ましょう。

③ はい，そうです。持っていくのを忘れないでくださいね。

④ その通りですね。ありがとうございます。

解説　財布の置かれている場所を指摘してくれたことに対して感想になっているものは，④ You're right. Thank you. だけです。③ は 2 番目の文が命令文でなく，たとえば I must remember to take it.「それを持っていくのを忘れてはならない」のように，自分の行動に対する戒めであれば適切な返答になります。

語句　wallet 名「財布」

問3

スクリプト　My friends and I are going to the movie theater this weekend.

和訳 友人たちと私は今週末，映画館に行く予定です。

① 何の映画を見るのですか。　② その映画は何に関するものでしたか。

③ その映画はいつ上映開始になりますか。　④ 私たちといっしょに行きませんか。

解説 友人たちと今週末に映画館に行くという発言に対する応答としては，見る映画が何であるか尋ねている ① What movie will you see?「何の映画を見るのですか」が最も適切です。④ は発話者が，上の文に続けて相手に尋ねる文としては適切ですが，応答する側の文としては不自然です。

語句 come out「(本や映画が) 世に出る」，Would you like to *do* 〜?「〜するのはいかがですか」

問 4

スクリプト There was a phone call while you were taking a bath.

和訳 あなたの入浴中に電話がありましたよ。

① 私は電話をしませんでした。

② あなたは誰に電話をかけたのでしょう。

③ それは私の兄だったに違いありません。

④ そういうわけで私はあなたに電話をしたんです。

解説 「あなたの入浴中に電話がありましたよ」という発言に対する返答としては，「それは私の兄だったに違いない」と推測を示した ③ の That must have been my brother. が最も適切です。その他の選択肢は，電話をかけたのが話者か応答者になってしまい，第三者から電話がかかってきたというこの場面では不自然な応答になります。

語句 wonder wh-節「〜かしらと思う，〜だろうか」，must have *been* 〜「〜だったに違いない」，that is why ...「そういうわけで…」

問 5

スクリプト The weather forecast says it might snow this weekend.

和訳 天気予報によれば今週末は雪になるかもしれないということです。

① 彼らに言って私たちに電話をかけ直させてもらえませんか。

② 今，雪が降っていなければいいのですが。

③ 私たちは計画を変えるべきでしょうか。

④ 私たちは冬用のタイヤを外すべきです。

解説 雪が降ることが「計画に影響を及ぼす可能性がある」ということに思い至れば，③ Should we change our plans?「私たちは計画を変えるべきでしょうか」が選べるはずです。このように関連する状況を想像することが重要です。ちなみ

に ② は，〈I wish S＋動詞の過去形〉の仮定法過去の用法で，現在の事実に反することを願望として述べた文なので，現在すでに雪が降っていることになります。

[語句] have O _do_「O に〜させる，〜してもらう」，call O back「O に電話をかけ直す」

平叙文に対する応答では，「映画」→「上映時間や内容」，「電話」→「かけてきた人」，「荒天」→「行事の中止」というように，**関連する状況や因果関係を想像すること**が重要。

---

4 [正解] ▶ | 1. | ① | 2. | ④ | 3. | ② | 4. | ① | 5. | ③ |

問1

∞∞

[スクリプト] M: Hello, Nanami, it's nice to meet you!
W: It's nice to meet you, too, Mr. Smith.
M: We're so happy for you to do a homestay with us. Welcome to the Smith family!

[和訳] 男性：こんにちは，ナナミさん，はじめまして！
女性：こちらこそ，はじめまして，スミスさん。
男性：あなたがうちでホームステイしてくれてとてもうれしいですよ，ようこそ，スミス家へ！
① ここに来られてわくわくしています。
② 私の両親は東京に住んでいます。
③ 私の飛行機はキャンセルになりました。
④ いいえ，けっこうです。今晩の夕食が待ち遠しいです。

[解説] 男性は最後の発話でホームステイに来た女性に対して歓迎の言葉を述べているので，女性は歓迎に対して，喜んで応じる発話になるのが自然な流れです。したがって，① I'm excited to be here.「ここに来られてわくわくしています」が正解です。

[語句] It's nice to meet you.「はじめまして」（＝ Nice to meet you.），do a homestay「ホームステイする」，welcome to 〜「〜へようこそ」，flight 名「（航空）便」，_be_ cancelled「中止になる」

会話が複数回続く場合は，**最後の発話の内容に特に注意する。**

問2

スクリプト W: Professor Jones, could you please tell me when the exam results will be announced?

M: Not for another month, Haruka.

W: That's such a long time to have to wait!

和訳 女性：ジョーンズ教授，試験の結果はいつ発表されるのか教えていただけますか。

男性：あと1か月はかかりますね，ハルカさん。

女性：そんなに待たないといけないんですね！

① そうですね，進めてください。　　② メモを取れば簡単になりますよ。

③ そうですね，しばらくぶりですね。　④ まあ，ただ待てばいいだけですよ。

解説 試験の結果発表にあと1か月かかると聞いた女性が最後のせりふで長く待たなければいけないのを嘆いていますが，それに対して Well, you'll just have to wait.「まあ，ただ待てばいいだけですよ」と返している ④ が正解となります。男性の発話の Not for another month は The exam results will not be announced for another month.「試験の結果は，あと1か月間発表されません」という意味です。このように，会話では発話の共通部分が省略されることがあります。特に not だけを残し，直前の動詞を含む前後の語句が省略されることがあるので，慣れておく必要があります。

語句 exam result「試験結果」，announce 動「～を発表する」，go ahead「先へ進める」，take notes「記録する，ノートをとる」，just have to *do*「～しさえすればよい」

> **ここが↗ポイント** 会話では発話の共通部分が省略されることがある。特に **not** だけを残し，直前の動詞を含む前後の語句が省略される形は重要。

問3

スクリプト M: Hi, Emi, have you booked the accommodation for our holiday yet?

W: Why? What's up?

M: There's no rush. Just don't book the hotel that David and Nicole stayed at last summer.

W: Oh, why not?

和訳 男性：やあ，エミ，僕たちの休暇の宿泊先をもう予約したかい？

女性：どうして？何かあったの？

男性：急ぎじゃないんだ。ただ，デイヴィッドとニコルがこの前の夏に泊まったホテルは予

約しないでね。

女性：あら，どうしてだめなの？

① 彼らは先週支払ったよ。　　　　　② 費用がかかりすぎるんだ。

③ それはどこにあるの？　　　　　④ 彼らは泳ぐことが大好きなの？

解説 デイヴィッドとニコルが泊まったホテルを，自分たちの休暇の宿泊先としては予約しないでと言われた女性が Oh, why not?「あら，どうしてだめなの？」と理由を聞いているので，It costs too much.「費用がかかりすぎるんだ」と答えている ② が正解です。「そのホテルを予約してほしくない」→「ホテル代が高いから」という因果関係を瞬時につかんでください。女性の最後の発話の why not? は Why shouldn't I book that hotel?「なぜそのホテルを予約すべきではないの？」という意味です。これも not を残し，直前で述べられた動詞を含む前後の共通語句をすべて省略したパターンの一種です。なお，Why not? には「なぜそうしないのですか」という意味のほかに，相手の提案や依頼に対して，「いいよ，もちろん」と応じる意味を表すこともあるので注意が必要です。

語句 book 動「〜を予約する」，accommodation 名「宿泊施設」，What's up?「（相手を心配して）どうしたんだい，（あいさつとして）元気かい」，rush 名「急ぎ，あわてていること」，Why not?「（理由を尋ねて）なぜそうしないのですか，（提案・勧誘に対して）そうしてはいかがですか」

問 4

スクリプト **M:** What are you doing after class today, Mitsuki?

W: I'm going to take the test to get my driver's license.

M: Is this your first time to take the test?

和訳 男性：ミツキ，今日の放課後は何をする予定？

女性：運転免許を取るための試験を受けるつもりよ。

男性：その試験を受けるのは今回が初めてなの？

① ええ，だからとても緊張しているの。　　② ええ，受けるのよ。

③ いいえ，何か食べたいわ。　　　　　④ いいえ，どうぞごゆっくり。

解説 最後の発言で，運転免許を取るための試験を受けるのは今日が初めてかどうか尋ねられているので，それに対する応答は，Yes「試験を受けるのは初めて」，または No「試験を受けるのは初めてではない」を前提にした発話になるはずです。ここでは，① Yes, so I'm very nervous.「ええ，だからとても緊張しているの」という発話が最も適切です。「試験を受けるのは初めて」→「だからとても緊張している」という因果関係をつかみましょう。なお，男性の最後の発話は Is this ... から始まる疑問文なので，この質問に対して Yes で答える場

70

合，Yes, it is. となることはあっても，② のように Yes, I do. となることはありません。また，男性の最初の発話で What <u>are you doing</u> after class today, Mitsuki? と，現在進行形が用いられていますが，この現在進行形は未来の予定を表しており，会話では頻繁に登場します。

語句 This is *one's* first time to *do*「～するのは今回が初めてだ」，nervous 形「緊張して」，take *one's* time「ゆっくりやる」

ここが ポイント 現在進行形が未来の予定を表すこともある。

問 5

スクリプト
M: Hi, Haruna, when are you moving to Yokohama?
W: Hopefully at the end of March.
M: But there's a problem?
W: Right. The moving company is fully booked until the tenth of April.

和訳
男性：やあ，ハルナ，横浜にはいつ引っ越すの？
女性：できれば 3 月の末には。
男性：でも問題があるんだね？
女性：そうなの。引っ越し会社が 4 月 10 日まで予約でいっぱいなのよ。
① その周辺は素敵な田舎なんだね。
② つまり，すべて準備が整ったということだね。
③ まだいろいろなことが棚上げになっているようだね。
④ ああ，僕のことを手伝ってくれないか。

解説 3 月末までに横浜に引っ越したいと言っている女性は，最後の発話で，「引っ越し会社が 4 月 10 日まで予約で埋まっている」と口にしています。引っ越し会社の予約が取れていない女性に対して男性が述べる感想として最も自然なのは，③ It sounds like things are still up in the air.「まだいろいろなことが棚上げになっているようだね」です。この正解の選択肢には up in the air という熟語表現が含まれるため，ややわかりにくいかもしれません。また，男性の最初の発話で when are you moving ... と，現在進行形が用いられていますが，この現在進行形は未来の予定を表しています。

語句 move to ～「～に引っ越す」，hopefully 副「(文修飾で) できれば，うまくいけば」，moving company「引っ越し会社」，*be* fully booked「予約がいっぱいである」，It sounds like ...「…するように聞こえる」，up in the air「(計画などが) 未決定で」

1 正解 　問1 ②　問2 ④　問3 ①　問4 ②　問5 ③

問1

スクリプト　M: Your new original song is wonderful.

W: Oh, do you really think so?

M: I'm not a fan of pop songs, but I really like the sound of your voice.

W: Well, thank you. That's quite a compliment.

和訳　男性：あなたの新しいオリジナル曲はすばらしいですね。

女性：あら，本当にそうお思いですか。

男性：私はポップスのファンではありませんが，あなたの声の響きが本当に好きです。

女性：まあ，ありがとうございます。それはかなりのお褒めの言葉です。

質問：男性は女性の歌がなぜ好きか。

① 歌がオリジナルだから。　　　　　　② 彼はその女性の声が好きだから。

③ 彼は本当は作曲者だから。　　　　　④ その歌がポップスだから。

解説　紙面上の質問は Why does the man like the woman's song?「男性は女性の歌がなぜ好きか」です。男性が女性の歌を気に入っている理由は，男性の2番目の発話の I really like the sound of your voice.「あなたの声の響きが本当に好きです」に表れているので，②が正解になります。①は，男性が最初に Your new original song is wonderful. と言ってはいますが，「好きな理由はオリジナルだからだ」と言っているわけではないので不適です。

語句　compliment 图「褒め言葉，お世辞」

ここがポイント　最初に紙面上の質問と選択肢を読み，**選択肢間の違いを把握し**ておけば，会話のトピックや聞き取るべきポイントが予測できる。

問2

スクリプト　W: Have you seen the sports news today? It's great.

M: No, I haven't. What's going on?

W: Your favorite pro baseball team is in the lead.

M: Really? I knew they could do it.

和訳 女性：今日のスポーツニュースを見た？ すごいね。

男性：いや，まだ見てないよ。何が起こっているの？

女性：あなたのお気に入りのプロ野球チームが首位にいるのよ。

男性：本当？ 彼らはできるとわかっていたさ。

質問：そのニュースは男性にとってなぜよいのか。

① そのニュースが今日報じられたから。

② 男性が野球をしているから。

③ そのニュースが野球に関するものだから。

④ 男性の好きなチームが勝っているから。

解説 質問中にある，この会話における the news「ニュース」は，女性の2番目の発話の Your favorite pro baseball team is in the lead.「あなたのお気に入りのプロ野球チームが首位にいるのよ」で表現されており，男性はそれに対して I knew they could do it.「彼らはできるとわかっていた」と満足した様子を示しています。したがって，そのニュースが男性にとってよい理由は，④の「男性の好きなチームが勝っているから」です。会話の中の in the lead「先頭に立って，首位で」が選択肢では winning「勝っていて」に言い換えられている点がポイントです。

語句 in the lead「先頭に立って，首位で」

ここが ポイント 同じ主旨のことをスクリプトと選択肢でそれぞれ異なる表現で表す「言い換え表現」に注意しよう。

問3

スクリプト M: I'm going to the art museum on Sunday. Do you want to come along?

W: No, thanks. I've got way too much work to do.

M: Are you sure you can't take a little bit of time off?

W: I'm afraid not.

和訳 男性：日曜日に美術館に行くつもりなんだ。いっしょに行かない？

女性：いや，やめておくわ。やらなければならない仕事がすごく多すぎるのよ。

男性：本当に少しの休みもとれないの？

女性：残念ながらそうなの。

質問：女性はなぜ男性と美術館に行くつもりがないのか。

① 女性は仕事に時間を割かなければならない。

② 女性は美術館に行くのが好きではない。

③ 女性は美術館を恐れている。

④ 男性は女性の仕事に感謝をしている。

解説 女性が男性といっしょに美術館に行くことのできない理由については，女性の最初の発話 I've got way too much work to do.「やらなければならない仕事がすごく多すぎるのよ」に表されています。したがって got ... much work to do を has to spend her time working と言い換えた ① が正解になります。会話の中で，I'm afraid not. が聞こえてきたからと言って，afraid が含まれる ③ を選んだり，No, thanks. が聞こえたから thankful が含まれる ④ を選んだりすることのないようにしましょう。

語句 way too much to *do*「やるべきことがすごく多すぎる」(way は too much の意味を強調する副詞)，take time off「休みをとる」

問 4

スクリプト **M:** I'm taking a college entrance exam this weekend.

W: Do you think you studied enough to pass?

M: Maybe. I kind of doubt that I'll get a good score.

W: Well, get to work and do what you need to do to get ready.

和訳 男性：今週末に大学入学試験を受けるんだ。

女性：合格するのに十分な勉強をしたと思う？

男性：どうだろう。よい点が取れるとはあまり思えないな。

女性：とにかく，勉強に取り組んで，準備を整えるために必要なことをしなさい。

質問：女性は男性がどうすべきだと言っているか。

① 彼女は男性がよい点を取るべきだと言っている。

② 彼女は男性が準備を整えることに集中すべきだと言っている。

③ 彼女は彼が今週末の受験を見送るべきだと言っている。

④ 彼女は彼が試験を受ける前に大学に入るべきだと言っている。

解説 女性が男性に対して助言をしているのは，女性の最後の発話 Well, get to work and do what you need to do to get ready.「とにかく，勉強に取り組んで，準備を整えるために必要なことをしなさい」の部分です。これと一致するのは ② She says the man should focus on getting ready.「彼女は男性が準備を整えることに集中すべきだと言っている」になります。会話中の女性の発言 get to work and do what you need to do を，選択肢では focus on という表現で言い換えていることに注意しましょう。③ の pass up 〜 は「(機会など) を逃す，見送る」という意味であって，女性の最初の発話に含まれる pass「合格する」とは異なる意味の表現です。

語句 kind of「いくらか，多少」，doubt that ...「…ではないと思う」，get to work「勉強［仕事］に取り組む」，focus on ～「～に集中する」，pass up ～「～を逃す，～を見送る」

ここが ポイント

・会話中の表現を別の同意表現に置き換えて正解とする，「言い換え」の選択肢に注意しよう。

・会話内の表現を，意味を変えた類似表現に置き換えて誤答とすることもある。こういった「すりかえ」の選択肢に注意しよう。

問5

スクリプト
- **M:** I'm supposed to meet Mr. Roberts at 1 p.m.
- **W:** May I have your name, please?
- **M:** Kenji Yamamoto from ABC Corporation.
- **W:** Yes, Mr. Yamamoto. Mr. Roberts will see you in Meeting Room A on the third floor. There are elevators at the end of the hall.

和訳
男性：午後1時にロバーツさんにお会いすることになっております。

女性：お名前をうかがってもよろしいですか。

男性：ABCコーポレーションのケンジ・ヤマモトです。

女性：はい，ヤマモトさんですね。ロバーツは3階の会議室Aであなたにお会いします。廊下の突き当たりにエレベーターがございます。

質問：男性は次に何をする可能性が最も高いか。

① 彼はエレベーターがどこにあるか尋ねる。

② 彼は受付の人に電話する。

③ 彼はエレベーターに向かう。

④ 彼は上階に行くのに階段を使う。

解説 質問はWhat will the man most likely do next?「男性は次に何をする可能性が最も高いか」です。男性は，受付係と思われる女性に，ロバーツさんと面会の予約があることを告げ，女性がそれに答えています。最後の発話で女性はThere are elevators at the end of the hall.「廊下の突き当たりにエレベーターがございます」と言っています。文脈から考えて，女性は「エレベーターを使って3階まで行ってください」という意図でこの発言をしているので，男性が次にとる行動は，③ He will go to the elevators.「エレベーターに向かう」だと考えるのが自然です。

語句 *be* supposed to *do*「～することになっている」

2 正解

問1	①	問2	①	問3	④	問4	②
問5	③	問6	②	問7	④		

問1

スクリプト
W: How nice those are!

M: Thank you. I just bought these today.

W: It has been cold these couple of days, hasn't it?

M: It has. I don't want to keep my hands in my pockets when I'm outside.

Question: What did the man buy?

和訳
女性：それ，なんて素敵なの！

男性：ありがとう。今日買ったばかりなんだ。

女性：この2，3日寒いものね。

男性：そうだよね。外にいるとき手をポケットにずっと入れておきたくないんだ。

質問：男性は何を買ったか。

① 　② 　③ 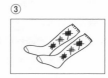　④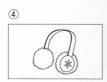

解説
男性が買ったものは，男性の最後の発話 I don't want to keep my hands in my pockets when I'm outside.「外にいるとき手をポケットにずっと入れておきたくないんだ」から推測できます。選択肢の中で寒い日に手をポケットに入れておかずにすむために身に着けるものは，①「手袋」です。「手袋」は英語で表すと gloves（複数形）ですが，会話の中に直接 gloves という表現は出てきません。keep my hands in my pockets という表現から「手袋」を推測する問題です。

語句　these couple of days「この2，3日」

ここが ポイント　会話内のやりとりから状況や場面を想像し，**答えを推測**しよう。

問 2

スクリプト W: What happened? How did you get injured?

M: I fell down accidentally during tennis practice.

W: Do you think you will be able to go camping next month?

M: I can walk, at least, and my doctor told me that my cast will come off in two weeks.

Question: What condition is the man most likely in?

和訳 女性：何があったの？ どうやってけがしたの？

男性：テニスの練習中に誤って転んでしまったんだ。

女性：来月のキャンプに行けると思う？

男性：少なくとも歩けるし，医者が2週間後にはギプスが取れるって言ったんだ。

質問：男性はどんな状態である可能性が最も高いか。

① ② ③ ④

  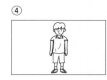

解説 イラストには，けがの状態が異なる男性が描かれています。放送文中では，女性はけがをしている男性が来月のキャンプに行けるかどうか心配していますが，男性は最後の発話で，I can walk, at least, and my doctor told me that my cast will come off in two weeks. 「少なくとも歩けるし，医者が2週間後にはギプスが取れるって言ったんだ」と返答しています。今はギプスをしていることがわかるので，① か ③ ということになりますが，さらに「歩ける」とも言っているので正解は ① です。この問題では cast「ギプス（骨折したときの固定包帯）」という語の理解がカギになります。この問題のように，単語が正解のカギを握るという場合もあります。新しい語を覚える際はつづりや意味だけでなく，発音にも注意を払うようにしましょう。

語句 get injured「けがをする」，fall down「倒れる，転ぶ」，cast 图「ギプス」，come off「はずれる，取れる」

ここがポイント 新出単語を学習する際は音声の確認も忘れないようにし，実際に自分で発音できるようになるまで練習しよう。

短いダイアローグ（内容質問） 解答・解説

スクリプト W: Where did you put the key? We always keep it on top of the shelf, but it isn't there now.

M: Maybe I left it on the sofa or on the TV rack.

W: I've already checked there but saw nothing. Can I check your briefcase?

M: No, no, no. I'll do it. ...Well, you're right. Here it is.

Question: Where is the key?

和訳 女性：鍵はどこに置いた？ いつも棚の一番上に置いているけど，今はそこにはないわ。

男性：ひょっとしたら，ソファーかテレビ台の上に置いたかもしれない。

女性：そこはもう確認したけどなかったわ。あなたの書類かばんを確認してもいい？

男性：だめ，だめ，だめ。僕が見るよ。…ああ，君が正しいよ。ここにあった。

質問：鍵はどこにあるか。

①  ② 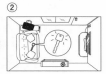 ③  ④

解説 イラストから鍵が置かれている位置を特定する問題だと予想できます。女性が2番目の発話で Can I check your briefcase?「あなたの書類かばんを確認してもいい？」と言った後，男性があわててそれを制して，自分で書類かばんをチェックしたところ，Well, you're right. Here it is.「ああ，君が正しいよ。ここにあった」と言っていますので，結局，鍵のあった場所は④「書類かばん」の中です。この問題も briefcase という語を知らないと，答えに迷うことになるかもしれません。また，この問題のように1つの正しい情報に至るまでに，誤った情報が出ては打ち消されるということがあるので，最後まで落ち着いて聞くようにしましょう。

語句 shelf 图「棚」，briefcase 图「書類かばん」

ここが テ ポイント 会話内で得られる情報は二転三転する場合も多いので，最後まで気を抜かずに聞こう。

問 4

スクリプト
W: This picture looks really nice. I love it.

M: You mean the one with the bright gold ring? Actually, I took it with my smartphone.

W: Wow, I can't believe it.

M: Honestly, I am a little shocked that many people say it's better than the ones I took with my high-quality camera.

Question: What did the man use to create the work they were talking about?

和 訳
女性：この写真は本当に素敵です。とても気に入りました。

男性：その輝く金の指輪が写っている写真のことをおっしゃっているんですね？　実はそれ，スマートフォンで撮ったんですよ。

女性：わあ，信じられないわ。

男性：多くの方が私の高級カメラで撮った写真よりもそれのほうがいいとおっしゃるので，正直言って少しショックを受けているんです。

質問：彼らが話している作品を作るのに男性が使ったものは何か。

①   ②   ③   ④

解 説
イラストには物が描かれていますので，これらを意識しつつ，会話の流れを予測しながら聞いていきます。放送文の最後に流れる質問しだいで，答えが変わりますので質問も注意して聞きましょう。男性は最初の発話で，女性が気に入った作品（＝写真）がどれであるかを確認した後で，Actually, I took it <u>with my smartphone</u>.「実はそれ，<u>スマートフォン</u>で撮ったんですよ」と言っていますので，正解は ② です。

語 句　ring 名「指輪」, honestly 副「正直に言うと」, high-quality 形「高級な，高品質な」

ここが　ポイント　できる限り音声を聞く前に選択肢のイラストを観察し，イラストから見て取れる情報の違いを意識しよう。

問 5

スクリプト　M: What does the weather forecast say the weather will be this weekend?

W: It'll be cool with rainfall on Saturday.

M: How about Sunday?

W: It'll be sunny and much warmer.

Question: Which is the correct weather forecast?

和訳　男性：天気予報では，今週末の天気がどうなるって言ってる？

女性：土曜日は雨が降って寒くなるわ。

男性：日曜日はどう？

女性：晴れて，ずっと暖かくなるわね。

質問：正しい天気予報はどれか。

① 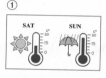　② 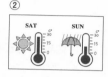　③ 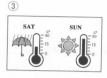　④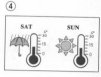

解説　イラストから週末の天気と気温についての問題だとわかります。土曜日と日曜日の天候が晴れか雨か，温度が高いか低いか，という点について整理しながら聞き取ります。週末の天気を聞かれた女性は，土曜日の天気について It'll be cool with rainfall on Saturday.「土曜日は雨が降って寒くなる」と言っていますので，この時点で ③ か ④ に絞ることができます。その後，日曜日の天気を聞かれると，It'll be sunny and much warmer.「晴れて，ずっと暖かくなる」と言っていますので，日曜日に，より暖かい気温を示している ③ が正解になります。会話の流れの中で正しい図を絞りながら聞きましょう。

語句　weather forecast「天気予報」，rainfall 图「降水（量）」

問 6

スクリプト　M: Were you able to climb up to the roof?

W: Yes. Thank you for lending this ladder to me.

M: No problem. Did you find it?

W: I found not only my soccer ball we wanted, but a baseball and even a model plane as well.

Question: What did the woman want to find and get back?

和訳　男性：屋根に登ることはできたかい？

女性：はい。このはしごを貸していただき，ありがとうございました。

男性：いや，いいんだよ。見つかったかい？

女性：私たちが欲しかったサッカーボールだけでなく，野球のボールと，模型飛行機まで見つけてしまいました。

質問：女性は何を見つけて取り戻したかったのか。

① 　② 　③ 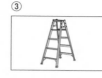　④

解説 この問題は，質問を聞き間違えないようにしましょう。質問は What did the woman want to find and get back?「女性は何を見つけて取り戻したかったのか」です。女性は最後に I found not only my soccer ball we wanted, but a baseball and even a model plane as well.「私たちが欲しかったサッカーボールだけでなく，野球のボールと，模型飛行機まで見つけた」と言っていますので，彼女が取り戻したかったものは ②「サッカーボール」です。① 野球のボールと ④ 模型飛行機は屋根の上で偶然見つけたものです。もし What did the woman accidentally find on the roof? のような質問なら，① や ④ が正解です。また，もしこの問いの質問が What did the woman borrow from the man? のようなものであれば，③ が正解になります。

語句 climb up「～を登る」，ladder 名「はしご」，baseball 名「野球のボール」

ここが　ポイント 情報が多く出てくる会話では，質問次第で解答が変わります。会話から得られる情報を整理しつつ，**最後に流れる質問を正確に聞き取ろう。**

問7

スクリプト
M: Oh, my sister is over there.

W: Who is she? The one talking on the phone?

M: No. I think she is texting.

W: Oh, the one wearing glasses with short hair.

Question: Which woman is the man's sister?

和訳
男性：あ，僕の姉があそこにいるよ。

女性：どの人？ スマートフォンで話している人？

男性：違うよ。彼女はメールを送っているんだと思う。

女性：ああ，メガネをかけてる髪の短い人ね。

質問：どの女性が男性の姉か。

① ② ③ ④

解説 男性の姉について女性が，The one talking on the phone?「スマートフォンで話している人？」と尋ねたところ，男性は No. I think she is texting.「違うよ。彼女はメールを送っているんだと思う」と答えていますので，① と ③ が消えます。女性の 2 番目の発話 Oh, the one wearing glasses with short hair. より，男性の姉は ④「メガネをかけた短髪の女性」に決まります。イラストの中で明らかになっている差異をあらかじめ把握しておくことが，情報の絞り込みに役立つでしょう。

語句 text 動「(携帯電話で) メールを送る」

3 **正解** 問1 ② 問2 ③ 問3 ② 問4 ④

問1

スクリプト M: I need to make an appointment. It's pretty urgent. I've lost a filling in my back tooth.

W: We have a cancellation this afternoon. 2:45, if that's OK?

M: That's great. I'll be there. See you in a few hours.

Question: When can the man see the dentist?

和訳 男性：予約を取りたいんです。かなり緊急なんです。奥歯の詰め物が取れてしまったんです。

女性：今日の午後にキャンセルがあります。2 時 45 分ですが，それでよろしければ。

男性：それはありがたい。伺います。数時間後にお会いしましょう。

質問：男性はいつ歯科医の診察を受けられるか。

① 今日の午前中。　　　　　　② 今日の午後。

③ 今日の夕方。　　　　　　　④ 明日。

解説 3 の問題も質問が紙面に書かれていないので，選択肢を先に読み，会話のトピックを予測する方法を意識して実践するようにしてください。この問いは「時間帯」が選択肢になっているので，会話から時間に関係する情報を得るようにします。時間に関する発言は，女性の We have a cancellation this afternoon. 2:45, if that's OK?「今日の午後にキャンセルがあります。2 時 45 分ですが，それでよろしければ」にあり，男性はそれに同意していますので，② This afternoon.「今日の午後」が正解になります。

語句 make an appointment「(面会などの) 予約をとる」，urgent 形「緊急の」，filling 名

「(歯の) 詰め物, 充てん材」, back tooth「奥歯」, dentist 图「歯科医」

ここが **ポイント**

・選択肢を先に読み，問われるポイントを予測して，会話を聞いていこう。

問2

スクリプト W: I don't think we've met. I'm Anne, and I've just transferred here to the New York office.

M: Hello. I've been hearing a lot about you. I think we met a couple of years ago at the conference in Toronto.

W: Oh yes, we did, didn't we? I'm looking forward to working together.

Question: Where did the man and woman meet before?

和訳 女性：私たち，お会いしたことはないですよね。私はアンと申します。ここニューヨークのオフィスに異動したばかりなんです。

男性：こんにちは。あなたのことはいろいろと耳にしています。私たちは2, 3年前，トロントでの会議でお会いしていると思いますよ。

女性：ああ，お会いしましたね。いっしょにお仕事ができるのを楽しみにしています。

質問：男性と女性は以前どこで会ったか。

① ニューヨークの会議で。　　　② ニューヨークのオフィスで。

③ トロントの会議で。　　　　④ トロントのオフィスで。

解説 選択肢を見ると，場所が会議かオフィスで，地域がニューヨークかトロントとなっており，これの組み合わせを意識して聞くことになります。場所に関する情報は，女性の最初の発話 I'm Anne, and I've just transferred here to the New York office.「私はアンと申します。ここニューヨークのオフィスに異動したばかりなんです」と，男性の発言 I think we met a couple of years ago at the conference in Toronto.「私たちは2, 3年前，トロントでの会議でお会いしていると思いますよ」に表されています。男性と女性が以前会った場所は「トロントでの会議」になるので，正解は ③ です。トロント，ニューヨークの場所とオフィス，会議の組み合わせをメモを取るなどして，整理しながら聞きましょう。

語句 transfer to ～「～に異動する，転勤する」, conference 图「(正式な) 会議」, look forward to doing「～するのを楽しみに待つ」

ここが **ポイント** 選択肢を先に見て，必要そうな情報は聞きながらメモしよう。

問 3

スクリプト **W:** There are still tickets for the 5:45 performance, but the 8:45 is sold out, I'm afraid.

M: That's fine. We'll have two, please. One adult, one child.

W: OK. Two for 5:45. The doors open at 5 o'clock.

Question: Which performance will the customers attend?

和訳 女性：5時45分の公演はまだチケットがありますが，8時45分は残念ですが売り切れです。

男性：それでけっこうです。2枚お願いします。大人1枚，子ども1枚です。

女性：わかりました。5時45分を2枚ですね。開場は5時です。

質問：客はどの公演を見るつもりか。

① 5時の公演。　　　　　　　　② 5時45分の公演。

③ 6時45分の公演。　　　　　　④ 8時45分の公演。

解説 選択肢はいずれも時間になっています。また，すべてに performance とありますので，演劇やコンサートなどの公演の時間が問われる可能性が高いと考えられます。そこで，時間に関する情報を得るつもりで会話に耳を傾けると，まず女性の There are still tickets for the 5:45 performance, but the 8:45 is sold out, I'm afraid.「5時45分の公演はまだチケットがありますが，8時45分は残念ですが売り切れです」という発言が聞こえてきます。この段階で，「5時45分の公演が見られる」と理解します。後半に聞こえてくる「8時45分」は売り切れの公演です。男性は，この女性の発言に対して That's fine. と応じていますので，男性と子どもが見る予定の公演は「5時45分の公演」ということになり，正解は ② になります。

語句 performance 图「公演，実演」，attend 動「～に参加する，出席する」

ここが ポイント 数字が出てくる場合は**複数の条件や要素が関係してくる場合が多い**ので，記憶に頼らず必ずメモを取ろう。

問 4

スクリプト **M:** Sorry, I just remembered that I have a doctor's appointment tomorrow morning. Could we meet for lunch instead of breakfast?

W: Um ... no problem. I can do lunch, too. How about 12:30 at the usual restaurant?

M: Great. See you tomorrow.

Question: Where are the man and woman going to meet?

和訳 男性：申し訳ない，明日の朝，医者の予約があるのをちょうど思い出したよ。朝食でなく昼食のときに会えるかな。

女性：ええと，大丈夫よ。昼食でもいいわ。いつものレストランに 12 時 30 分でどう？

男性：いいね。じゃあ明日。

質問：男性と女性はどこで会う予定か。

① 医師の診察室で。　　　　　　　　② 2 人のオフィスで。

③ 男性の自宅で。　　　　　　　　④ レストランで。

解説 選択肢に挙げられているのは場所です。会話から場所の情報を引き出すようにしましょう。女性が最後に How about 12:30 at the usual restaurant?「いつものレストランに 12 時 30 分でどう？」と聞き，男性が Great.「いいね」と応じています。場所の情報はここだけです。質問はやはり，Where で始まる場所を問うもので，正解は ④ になります。選択肢を読まずに会話を聞くと，2 人の会う時間が重要な情報である可能性も考えられるため，さまざまな情報に気を配らなければなりません。問われる情報のみに絞って集中するというのが効率的な聞き方です。

語句 instead of ～「～の代わりに，～でなく」，do lunch「昼食をとる」

ここが ポイント　選択肢を先に読んで問われそうなポイントを予測し，必要だと思われる情報を聞き取ることに集中しよう。

4 短いモノローグ（内容質問）

1 正解　問1 ③　問2 ①　問3 ①

問1

※下線部は解答の根拠にあたる箇所です。

Everybody needs to take a rest. It's one of the fundamental needs of the human mind and body. How, then, do we get a good rest? They say that getting the right amount of sleep is necessary to rest. Moderate exercise or taking a warm bath is also effective to help you relax. <u>In my opinion, the most important tip to get rest is to keep your work and personal life separate.</u> You will always feel exhausted if you do not make a clear distinction between your job and your private life. That's why I never check my work email when I get home.

和訳 誰もが休息をとることを必要としている。それは人間の精神と肉体における基本的欲求の1つである。それでは，私たちはどのようにしてよい休息をとるのか。適切な量の睡眠をとることが休息には必要だと言われる。適度な運動をしたり温かいお風呂に入ったりするのも，リラックスするのを助ける効果がある。私の考えでは，休息をとるための最も重要な秘訣は，仕事と個人の生活を分けることだ。仕事と私的生活に明確な区別をつけないと，いつもひどい疲れを感じることになる。だから私は，帰宅したら仕事のメールは決してチェックしない。

質問：話者の考えによると，適切な休息をとるのに最も重要なことは何か。

① 適度な運動をすること。

② 適切な量の睡眠をとること。

③ 仕事と私的生活を分けること。

④ 温かいお風呂に入ること。

解説 紙面に質問文と選択肢があるのであらかじめ目を通してから音声を聞いていきましょう。問われている，適切な休息をとるのに最も重要なことについて，話者は第6文で <u>In my opinion, the most important tip to get rest is to keep your work and personal life separate.</u>「私の考えでは，休息をとるための最も重要な秘訣は，仕事と個人の生活を分けることだ」と言っているので，正解は③になります。in my opinion「私の考えでは」は自分の意見を表明する際に用いられることが多い表現です。この表現が聞こえてきたら，その後に筆者の言いたいことが話されると考え，いっそう集中して聞くようにしましょう。

語句 fundamental 形「基本的な」, moderate 形「適度な」, effective 形「効果的な」, tip 名「秘訣, コツ」, exhausted 形「疲れ切って」, distinction between ～ and ...「～と…の区別」

ここが ポイント 話者の意見が含まれやすい次のような表現を意識して聞こう。
- **In my opinion, I think, I believe** などから始まる, 話者の意見が含まれる文。
- **important, necessary** など「重要, 必要」の意味を表す形容詞が含まれる文。
- **need, have to, must** など「必要, 義務」の意味を表す動詞・助動詞が含まれる文。

問2

スクリプト ※下線部は解答の根拠にあたる箇所です。

People have been brushing their teeth, either with plastic toothbrushes or their predecessor, wooden 'brushing sticks', for thousands of years. However, only within the last 80 years has the head of the toothbrush been made from nylon, which is a type of plastic. <u>Before that, most toothbrushes were made first from the hard, short hairs from a pig's neck, and then from softer horsehair. The handles were usually made from cow bone.</u> Even though most of us would probably prefer not to brush with pig hair and a cow bone, today's modern plastic toothbrushes actually create a lot of plastic waste, with over 1 billion of them entering landfills every year in the U.S. alone.

和訳 人々は何千年もの間, プラスチック製の歯ブラシまたは, その先駆けである木製の「歯磨き棒」を使って歯を磨いてきた。しかし歯ブラシのヘッド部分がプラスチックの１種であるナイロン素材になったのは, 過去80年ほどのことにすぎない。<u>それ以前は, ほとんどの歯ブラシが最初は豚の首から取られた固く短い毛で作られており, そしてその後, より柔らかな馬の毛で作られるようになった。柄の部分はたいてい牛の骨でできていた。</u>私たちのほとんどは, おそらく豚の毛と牛の骨で歯を磨くのは好まないだろうが, 実のところ, 現代の最新のプラスチック製歯ブラシは大量のプラスチックごみを生み出し, アメリカ合衆国だけで, 毎年10億本以上もの歯ブラシが埋め立て地に持ち込まれるのだ。

質問：現代の歯ブラシが開発される以前, 歯ブラシはどんな素材でできていたか。

① 動物由来の製品

② 乾燥した草

③ プラスチック

④ 柔らかい石

紙面に質問文と選択肢があるのであらかじめ目を通してから音声を聞いていきましょう。問われている，現代のプラスチック製の歯ブラシが登場する前の素材について，話者は第3・4文で Before that, most toothbrushes were made first from the hard, short hairs from a pig's neck, and then from softer horsehair. The handles were usually made from cow bone.「それ以前は，ほとんどの歯ブラシが最初は豚の首から取られた固く短い毛で作られており，そしてその後，より柔らかな馬の毛で作られるようになった。柄の部分はたいてい牛の骨でできていた」と言っており，動物の毛や骨を使っていたことがわかります。したがって，正解は ① です。③ のプラスチックは英文の中で3回聞こえてきますが，現代の歯ブラシの素材として取り上げられているだけです。pig, horse, cow を選択肢では animal と一般化した表現になっていることに注意しましょう。

語句 brush（〜）動「（〜を）磨く」，toothbrush 名「歯ブラシ」，predecessor 名「前に使われていたもの」，stick 名「棒」，nylon 名「ナイロン」，neck 名「首」，horsehair 名「馬の毛」，handle 名「柄，持ち手」，bone 名「骨」，billion 名「十億」，landfill 名「（ゴミ処理の）埋め立て地」，alone 副「〜だけ」

ここが ポイント 選択肢に用いられる表現が，放送文で述べられた具体的な内容を一般化した表現になることもある。

例）・pigs, horses, cows「豚，馬，牛」
　　　→ animals「動物」
　　・refrigerators, washing machines, microwave ovens「冷蔵庫，洗濯機，電子レンジ」
　　　→ electric appliances「電化製品」
　　・notebooks, pens, pencils, envelopes「ノート，ペン，鉛筆，封筒」
　　　→ stationery「文房具」
　　・milk, tea, coffee, beer, wine「牛乳，お茶，コーヒー，ビール，ワイン」
　　　→ beverages「飲み物」
　　・Japan, China, South Korea「日本，中国，韓国」
　　　→ Asian countries「アジアの国々」

問3

スクリプト ※下線部は解答の根拠にあたる箇所です。

Country X's steel production has expanded hugely. Since 1990, output has grown dramatically. ₍₁₎ In 1990, it produced 66 tons of steel. This output had doubled by the year 2000. The years from 2000 until 2010 were phenomenal. ₍₂₎ The figure of 2010 was four times that of 2000. After 2010, the consumption of steel declined. ₍₃₎ The production of 2020 was more or less the same as that of 2010.

和訳 X国の鉄鋼の生産は大きく伸びてきた。1990年以降,生産高は劇的に増加した。₍₁₎1990年,X国は66トンの鉄鋼を生産した。この生産高は2000年までに2倍になった。2000年から2010年は驚異的だった。₍₂₎2010年の数字が2000年の数字の4倍だったのだ。2010年以降,鉄鋼の消費は落ち込んだ。₍₃₎2020年の生産は2010年とおおむね同じだった。

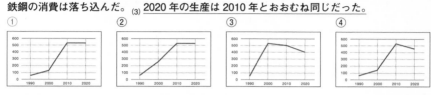

解説 音声が流れる前にあらかじめ紙面に印刷されたグラフに目を通しましょう。年度がポイントだと予想して,ある時期を境に生産量が増えるのか,減るのか,横ばいになるのかに注意を払って整理しながら聞いていきましょう。次々と情報が付加されますが,ポイントは次の3点です(スクリプトの下線部を参照してください。番号は下のポイントの番号と一致します)。

(1) 1990年に66トンだった生産高が2000年には2倍になった。

(2) 2000年から2010年にかけて生産高が4倍になった。

(3) 2010年と2020年の生産高は同じだった。

まず,(1)より,1990年が66トン,2000年は130トン程度(66×2)。(2)より,2010年は520トン程度(130×4)。(3)より,2010年から2020年までグラフの線は平らであることがわかります。以上の情報から適切なグラフは ① となります。② はポイントの (1) と (2) が表されていません。③ はポイントすべてをはずしています。④ はポイント (3) が不一致です。最後から2番目の文にAfter 2010, the consumption of steel declined.「2010年以降,鉄鋼の消費は落ち込んだ」とありますが,declineしたのは生産量ではなく消費なので,グラフには影響しません。こうした数値の変化の聞き取りは,特に難しいので,何度も音読することで慣れていきましょう。

語句 steel 名「鉄鋼」,production 名「生産」,expand 動「拡大する」,hugely 副「非常に大きく」,output 名「生産高」,dramatically 副「劇的に」,phenomenal 形「驚異的な」,figure 名「数字」,consumption 名「消費」,decline 動「減少する」,more or less「おおむね,大体」

---

2 **正解**　　問1　④　　問2　④　　問3　②

問1

スクリプト　※下線部は解答の根拠にあたる箇所です。

The Yamada family used to live in an apartment on the north west corner of Willow Street and 4th Street. Last year the family bought a house and in January moved in. They love the house because <u>it is located across from a convenience store and within two blocks of the nearest subway station.</u> <u>Besides, they can enjoy the sunshine in their living room, which is right next to a park.</u>

Question: Which place on the map is the house of the Yamada family?

和訳　ヤマダ家は，以前ウィロー通りと4番街の北西の角にある集合住宅に住んでいた。昨年ヤマダ家は家を購入し，1月に引っ越してきた。<u>その家はコンビニエンスストアの向かいに位置していることと，最寄りの地下鉄の駅から2ブロック以内であることから</u>，彼らはその家をとても気に入っている。<u>その上，リビングは公園のすぐ隣にあり，彼らは日差しを楽しむことができる。</u>

質問：ヤマダ家は地図上のどの場所にあるか。

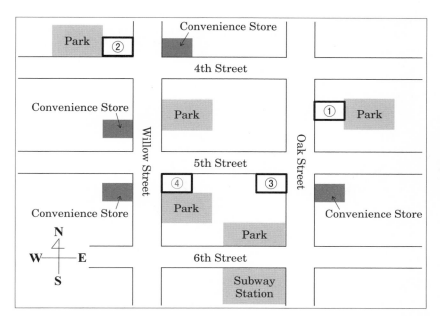

解説　音声が流れる前に，紙面の地図にざっと目を通し，地図上の ① ～ ④ の場所が問われると想定しましょう。また，コンビニエンスストアと公園が複数あることにも注目し，聞くときのポイントになるかもしれないという心構えも持つことができれば理想的です。音声を聞いていくと，第 1 文 The Yamada family used to live in an apartment on the north west corner of Willow Street and 4th Street.「ヤマダ家は，以前ウィロー通りと 4 番街の北西の角にある集合住宅に住んでいた」より，ヤマダ家がかつて住んでいた集合住宅の場所が ② であることがわかります。第 3 文以降はヤマダ家が引っ越した後の現在住んでいる家の場所についての話になっています。第 3 文 ... it is located across from a convenience store and within two blocks of the nearest subway station.「…その家はコンビニエンスストアの向かいで，最寄りの地下鉄の駅から 2 ブロック以内だ」という部分から，現在のヤマダ家の場所は，③ ④ のどちらかに絞れます。さらに続く文 Besides, they can enjoy the sunshine in their living room, which is right next to a park.「その上，リビングは公園のすぐ隣にあり，彼らは日差しを楽しむことができる」から，公園の隣である ④ が現在の家だとわかります。その後に続く質問を聞くと，「現在」のヤマダさんが住んでいる家を問われていますので，正解は ④ です。

語句　*be* located「位置している」，the nearest ～「最寄りの～」，right next to ～「～のすぐ隣に」

地図を用いた問題では，場所や位置関係を表す次のような表現に注意しよう。

- *be* located in ～「～に位置している」
- on［at］the corner of ～「～の角に」
- across from ～「～の向かいに」
- next to ～「～の隣に」
- behind ～「～の後ろに」
- within two blocks of ～「～の2ブロック以内に」
- turn（to the）right［left］「右［左］に曲がる」
- find *A* on your right［left］「*A* はあなたの右側［左側］にある」

問2

スクリプト ※下線部は解答の根拠にあたる箇所です。

It is getting easier and easier to travel all over the world because we are now living in a globalized society. In order to be successful in such a society, being fluent in English is one of the most important skills. Being able to speak English, however, isn't enough to communicate with people from other countries. <u>Understanding other countries' customs is also very important.</u> Do you know that although a thumbs-up gesture has a positive meaning in Western countries, it is one of the biggest insults in Iran? And in China it is impolite to finish eating everything on your plate because it implies you are not satisfied with your meal.

Question: In addition to a good level of English, what else do we need when communicating with people from other countries?

和訳 今や私たちはグローバル化した社会に暮らしているので，世界中を旅することがますます容易になってきている。そのような社会で成功するためには，英語を流ちょうに話せることが最も重要な技能の1つとなる。しかし，英語を話せるだけでは，他国出身の人々と交流するのに十分ではない。<u>他国の習慣を理解することもとても重要である。</u>親指を立てるしぐさは欧米諸国では好ましい意味を持つが，イランでは最大の侮辱の1つになることを知っているだろうか。また中国では，出された料理をすべて平らげてしまうのは，あなたにその食事に満足していないと暗に伝えることになり，失礼になってしまう。

質問：他国出身の人々と交流する際には，十分な英語の水準に加えて，他にどんなことが必要になるか。

① グローバル化した社会

② 好ましい意味を持つ親指を立てるしぐさ

③ お皿の料理をすべて食べること

④ お互いの習慣を理解すること

解 説 先に選択肢を読み，文化や習慣についての話かもしれないと予測して聞き始め
ます。話者は，グローバル化した世界では他国出身の人との交流が容易にでき
るようになるが，英語を話せるだけでは十分ではないと言い，その後，第4文
で Understanding other countries' customs is also very important. 「他国の習
慣を理解することもとても重要である」と説明しています。質問は「他国出身
の人々と交流するには，英語以外に何が必要か」なので，正解は ④ です。②
と ③ は単に一部の国の習慣の具体例として挙がっているものなので，適切では
ありません。

語 句 globalized 形「グローバル化した」，fluent 形「流ちょうな」，custom 名「(社会の) 習
慣」，thumbs-up 名「親指を立てるしぐさ」(欧米では賛成，称賛，満足などの意味があ
る)，positive 形「好ましい」，insult 名「侮辱」，impolite 形「失礼な」，*be* satisfied
with ～「～に満足している」

ここがポイント 音声を聞く前に選択肢を読むことで，そこに含まれる語句から
話題を予測できることがある。

問 3

スクリプト ※下線部は解答の根拠にあたる箇所です。

Statistics suggest that the rates of loneliness are rising sharply in recent
years in spite of our society being more technologically connected than ever
before. The British government has taken the problem seriously and
appointed a minister for loneliness in 2018. Research also shows that
loneliness may lead to a number of mental diseases. So how can we cope
with this feeling? In my opinion, it's not a good idea to force yourself to
meet people. Moving your body, such as taking a walk or jogging, could
refresh your mind. Reading fiction novels or watching movies could be
another solution. Keeping yourself busy is also effective to forget about
negative feelings.

Question: In the speaker's opinion, what should you avoid forcing yourself
to do when you feel lonely?

和 訳 統計によると，近年，科学技術によって以前よりも社会の結びつきが強まっているにもかかわらず，孤独になる割合が急激に上昇しているようである。英国政府はこの問題を真剣に受けとめており，2018 年には孤独問題担当大臣を任命した。また，孤独は多くの精神疾患を引き起こす可能性があることも，研究は示している。では私たちはこの感情にどのように対処することができるだろうか。<u>私の考えでは，無理に人と会うのはよくないことだと思っている</u>。散歩をしたり，ジョギングをしたりするなど，身体を動かすことで，心が爽快になるかもしれない。小説を読んだり，映画を見たりするのももう 1 つの解決策となるだろう。ひたすら忙しくするというのも，否定的な感情を忘れるのに効果がある。

質問：話者の考えでは，人が孤独を感じるとき何を無理にするのを避けるべきか。

① 忙しくすること

② 人と会うこと

③ 身体を動かすこと

④ 小説を読むこと

解 説 孤独を感じるときに避けるべきことが問われています。話者は第 5 文で In my opinion, it's not a good idea to force yourself to <u>meet people</u>.「私の考えでは，無理に<u>人と会う</u>のはよくないことだと思っている」と言っていますので，正解は ② です。In my opinion という表現は，話者が自分の意見を表明するときに用いるので，この表現から始まる文は特に注意して聞くようにしましょう。

語 句 statistics 名「統計」，rate 名「比率，度合」，loneliness 名「孤独」，take 〜 seriously「〜を真剣に受け止める」，appoint 動「〜を任命する」，minister 名「大臣」，solution 名「解決策」，effective 形「効果的な」，negative 形「否定的な，マイナスの」

ここが ポイント In my opinion から始まる文には話者の意見が含まれるので，この表現の後は特に注意して聞くようにしよう。

---

3 **正 解** | 問 1 | ③ | 問 2 | ② |

スクリプト ※下線部は解答の根拠にあたる箇所です。数字は問いの番号です。

Martin lives by the seashore in Hawaii. He enjoys running along Lanikai Beach every morning before work. ₁<u>Usually Martin starts as the golden sun begins to rise above the ocean waves.</u> During these runs, he has gradually collected beautiful shells that have washed up onto the sandy beach overnight. ₂<u>Martin's collection of many colors, shapes, patterns, and</u>

sizes grew so large that he gave it to a local museum. Now visitors from around the world can enjoy Martin's morning discoveries.

Question 1: When does Martin begin his runs along the beach?

Question 2: What did Martin do with the seashells he gradually collected?

和訳 マーティンはハワイの海沿いに住んでいる。毎朝出勤前にラニカイビーチ沿いをランニングして楽しんでいる。₁マーティンはたいてい黄金色の太陽が海の波の上に昇り始めるころに走り始める。走っている間，彼は夜の間に砂浜に打ち上げられた美しい貝殻を少しずつ集めてきた。₂マーティンの様々な色，形，模様，大きさからなる収集品は，数が非常に増えたので，彼はそれを地元の博物館に寄贈した。今や世界中からやってくる訪問客がマーティンの朝の発見の数々を見て楽しむことができる。

質問1：マーティンはいつ海辺沿いを走り始めるか。

質問2：マーティンは少しずつ収集した海の貝殻をどうしたか。

問1　① 夜に。　　　　　　　　　　　② 正午に。
　　　③ 日の出の時刻に。　　　　　　④ 日没の時刻に。

問2　① 自分の家を飾った。　　　　　② それらを博物館に寄付した。
　　　③ それらを友人にあげた。　　　④ それらを海に戻した。

解説 問1　選択肢を先に読み，時間帯に関する情報を聞き取る必要があるという心構えを持って聞き始めます。マーティンが走り始める時間帯について，話者は第3文で Usually Martin starts as the golden sun begins to rise above the ocean waves.「マーティンはたいてい黄金色の太陽が海の波の上に昇り始めるころに走り始める」と言っています。したがって，正解は③ です。この直前の文でも every morning before work「毎朝出勤前に」と言っており，ここもヒントになります。

問2　動詞で始まる選択肢より，人物のとった行動が問われていることがわかります。マーティンがランニング中に集めた貝殻をどうしたかについて，話者は第5文で Martin's collection of many colors, shapes, patterns, and sizes grew so large that he gave it to a local museum.「マーティンの様々な色，形，模様，大きさからなる収集品は，数が非常に増えたので，彼はそれを地元の博物館に寄贈した」と言っています。したがって，正解は②です。選択肢の donate は放送文の give を言い換えた動詞です。

語句 seashore 图「海岸」，gradually 副「徐々に」，wash up onto ～「（漂流物が）～に打ち上げられる」，sandy 形「砂の」，collection 图「収集品」，pattern 图「模様」

There is a Japanese art form that is popular around the world which uses living plants that are rooted in soil. ₁Although this traditional art originated in China, it has a thousand years of history in Japan. This art is bonsai. ₂Various tools, techniques, and knowledge enable a bonsai artist to create and style miniature trees that resemble the shape of full-scale trees. Moreover, these tiny trees, whose roots are cut short to restrict the trees' growth, can live for centuries in shallow, tray-like containers. ₃The main aim of bonsai is to give the viewer a living wonder to observe. It also brings pleasure and satisfaction to the grower, who needs creativity, effort, and much patience to practice this art.

和訳 土に根を張る生きた植物を使った, 世界中で人気のある日本の芸術形態がある。₁この伝統芸術は中国を発祥とするが, 日本では 1000 年の歴史がある。この芸術とは盆栽である。₂様々な道具, 技術, 知識は, 盆栽家が実物大の樹木の形に似せたミニチュアの木を創造し, 形づくることができる。しかも, 根を短く切られ, 木の成長を抑えたこれらの小さな樹木は, 浅くお盆のような鉢の中で数百年も生きることがある。₃盆栽の主たる目的は, 鑑賞者にじっくりと見ることのできる生きる不思議を提供することだ。盆栽はそれを育てる者にも喜びと満足をもたらす。彼らはこの芸術を実践するうえで創造力, 努力, そして大いなる忍耐を必要としているのだ。

問1　この話の中でなぜ中国が引き合いに出されているのか。

① 盆栽は元々中国が発祥だった。

② 盆栽で使われる木は中国から輸入されている。

③ 中国は日本から盆栽という芸術を取り入れた。

④ 中国には多くの盆栽家がいる。

問2　盆栽家の道具, 技術, 知識は, 彼らに何をすることを可能にするのか。

① 自然とは異なるやり方で花を活ける。

② 木のために浅くお盆に似た鉢を作る。

③ まるで完全に生きているように見える植物の絵を描く。

④ 実物大の樹木に似たミニチュアの木を育てる。

問3　鑑賞者にとって盆栽という芸術の主たる目的は何か。

① 生きる不思議を目にすること。

② 実物大の樹木をじっくり見ること。

③　１本の木ではなく多くの木のための空間を作ること。

④　自分たちの創造力，努力，忍耐を駆使すること。

解説　**問1**　中国については，第2文で this traditional art originated in China「この伝統芸術は中国を発祥とする」とあります。この this traditional art は，次の文で This art is bonsai「この芸術とは盆栽である」と説明されているので，正解は ① です。放送文の originated in 〜「〜を発祥とした」が originally came from 〜 に言い換えられていることに注意します。

問2　盆栽家が道具や技術や知識を駆使してできることについて，話者は第4文で Various tools, techniques, and knowledge enable a bonsai artist to create and style miniature trees that resemble the shape of full-scale trees.「様々な道具，技術，知識は，盆栽家が実物大の樹木の形に似せたミニチュアの木を創造し，形づくることができる」とあるので，正解は ④ です。放送文の resemble「〜に似ている」が選択肢では look like に，full-scale「実物大の」が full-size に，言い換えられていることに注意します。

問3　鑑賞者にとっての盆栽の目的については第6文で The main aim of bonsai is to give the viewer a living wonder to observe.「盆栽の主たる目的は，鑑賞者にじっくりと見ることのできる生きる不思議を提供することだ」と説明されていますので，正解は ① です。放送文の observe「〜をじっくり見る」が選択肢では look closely at に言い換えられていることに注意しましょう。また ④ は，最終文にある通り，盆栽家に必要な資質のことなので，本問の正解にはなりません。

語句　root 動「〜を根付かせる」，名「根」，soil 名「土，土壌」，originate in 〜「起源が〜にある」，style 動「〜を（ある様式に沿って）形づくる」，miniature 形「ミニチュアの」，resemble 動「〜に似ている」，full-scale 形「実物大の」，tiny 形「ごく小さな」，restrict 動「〜を抑制する，〜を制限する」，shallow 形「浅い」，tray-like 形「お盆のような」，container 名「容器，鉢」，aim 名「目的」，viewer 名「鑑賞者」，wonder「不思議，奇跡」，observe 動「〜を観察する」，grower 名「育てる人，栽培者」，patience 名「忍耐」，practice 動「〜を実践する」

ここがポイント　内容質問の問題では，放送文と選択肢の間で，語句の言い換えが頻出する。たとえば，この問題だけでも次のようなものがある。

・originate in 〜 → originally come from 〜

・resemble 〜 → look like 〜

・full-scale → full-size

・observe 〜 → look at 〜

長いダイアローグ（内容質問）

1 正解 問1 ② 問2 ②

問1

スクリプト ※下線部は解答の根拠にあたる箇所です。

W: Hello, can I help you?

M: Hi, yes. I'd like to buy a case for my new smartphone. There are so many to choose from here!

W: Well, this is a very popular one. <u>It is unbreakable — it will protect your phone even if you drop it from a height of up to 2 meters. As you can see, it isn't too expensive at 15 dollars.</u>

M: Can you tell me about this one? It looks very unusual.

W: Sure, this one is 12 dollars and you can create your own design for the case in any color you wish.

M: Mmm..., interesting. How about these cases here?

W: These are quite popular, too. This one is made of leather, and it's only 25 dollars. This other case here, at 20 dollars, is a little cheaper, and it has this slot for keeping a train pass or credit card.

M: I really like the idea of having a case with my own design on it. <u>But I do need a strong case, so I'll go for the first one you showed me.</u>

和訳 女性：こんにちは，ご用件を承ります。

男性：こんにちは，お願いします。自分の新しいスマートフォンのケースを買いたいんです。ここには選べるケースがたくさんありますね！

女性：そうですね，こちらはとても人気があるものですよ。壊れにくいんです。最高2メートルの高さから落としても電話を守ってくれます。ご覧の通り15ドルと，それほどお高くありません。

男性：これについて教えていただけますか。とても珍しい外見をしていますね。

女性：承知しました，こちらは12ドルで，ケースにお好きな色で，自分自身のデザインをすることができるようになっています。

男性：へぇー，面白いですね。ここにあるこれらのケースはどうですか。

女性：これらもとても人気があります。こちらは革製ですが，わずか25ドルです。こちらにあるこの別のケースは20ドルで，少しお安いですし，鉄道の定期券やクレジットカー

ドなどを入れるための穴がついています。

男性：私は自分自身のデザインを施したケースを持つという考えがとても気に入りました。
ですが，丈夫なケースがどうしても必要なので，最初に見せてくれたケースにします。

①  $ 12.00

②  $ 15.00

③ $ 20.00

④ $ 25.00

解説 男性は最後の発話で But I do need a strong case, so I'll go for the first one you showed me. 「ですが，丈夫なケースがどうしても必要なので，最初に見せてくれたケースにします」と言い，最初に紹介してもらったスマートフォンケースを買おうとしていることがわかります。男性が女性店員に最初に紹介してもらったものは，女性の最初の発話 It is unbreakable — it will protect your phone even if you drop it from a height of up to 2 meters. As you can see, it isn't too expensive at 15 dollars. 「壊れにくいんです。最高2メートルの高さから落としても電話を守ってくれます。ご覧の通り15ドルと，それほどお高くありません」とあるので，正解は ② です。買い物の場面では，客が購入する商品は最後の発話で決まる場合が多いので，会話の途中の情報を整理しつつ，最後まで気を抜かずに聞くようにしましょう。

語句 unbreakable 形 「壊れにくい，頑丈な」，protect 動 「～を保護する」，a height of ～ 「～の高さ」，up to ～ 「最高～まで」，leather 名 「皮革」，slot 名 「細長い小さな穴」，train pass 「鉄道の定期券」，go for ～ 「～を選ぶ」

ここが ポイント 店員と客のやり取りでは，商品の外見や価格の違いを整理しつつ，最終的に購入することになる商品を確実に聞き取ろう。

問 2

スクリプト ※下線部は解答の根拠にあたる箇所です。

W: Excuse me, Professor Le Tissier?

M: Oh, hello Frances. What can I help you with?

W: I'd like to hand in my report.

M: You're early, well done! <u>But wait a minute... this is handwritten. All of the assignments must be typed, so I'm afraid I can't accept it like this.</u>

W: Really? Sorry, I misunderstood. I have to go home now, but when is the final deadline?

M: It has to be in by one o'clock on Friday. I'll be in my office from nine o'clock.

W: I've got driving school on that morning, so I'm not sure if I can come in. Do I have to give it to you directly?

M: You can put it in my mailbox on Thursday once it's typed. Do you know where my mailbox is?

W: I'm sure I'll be able to find it.

和訳

女性：すみません，ル・ティシエ教授？

男性：やあ，こんにちは，フランシス。何か用かな？

女性：レポートを提出したいんです。

男性：早いね，よくやった！ でもちょっと待ってくれ…これは手書きだな。課題はすべてタイプしなければならないから，悪いけどこのままでは受け取れないな。

女性：本当ですか。申し訳ありません，誤解していました。すぐ家に帰らなければなりませんが，最終締め切りはいつですか。

男性：金曜日の1時までに出してもらえるかい。9時以降は研究室にいるからね。

女性：その日の午前中は自動車教習所に行かなければならないので，来られるかどうかわかりません。先生に直接お渡ししなければなりませんか。

男性：タイプしたら，木曜日に私のメールボックスに入れておいてくれればいいよ。私のメールボックスがどこにあるかわかるかい？

女性：きっと見つけられると思います。

質問：女性はなぜ今日レポートを提出することができないのか。

① 彼女は教授のメールボックスが見つけられないから。

② 彼女は課題をタイプしていないから。

③ 彼女は提出するには，レポートを終えるのが早すぎたから。

④ 彼女は質問を理解していないから。

解説 質問を先に読み，女性がレポートを提出できない理由を聞き取りましょう。教授は，2番目の発話で ... this is handwritten. All of the assignments must be typed, so I'm afraid I can't accept it like this. 「…これは手書きだな。課題はすべてタイプしなければならないから，悪いけどこのままでは受け取れないな」と言っていますので，正解は ② です。type という動詞は「（キーボードで語句など）をタイプする」という意味です。

語句 hand ~ in ／ hand in ~「~を提出する」, handwritten 形「手書きの」, assignment 名「課題，宿題」, type 動「（キーボードで語句など）をタイプする」, misunderstand 動「（~を）誤解する」, deadline 名「締め切り」, be in「届いている」, come in「入室する」, once ... 接「いったん…したら」

2 **正解** 問1 ① 問2 ② 問3 ①

スクリプト ※下線部は解答の根拠にあたる箇所です。数字は問いの番号です。

M: Excuse me, but do you need help?

W: Yes, I do! ₁,₂Is this the right way to the Fukuoka Dome?

M: ₂Yes, straight through this park. ₁I'm going there too, so why don't you follow me?

W: ₁Oh, you're going to the Blackpink concert?

M: ₁I sure am! I'm a big fan of Korean pop music, and my favorite band is Blackpink. I'm so excited to see them! I'm Toshi, by the way.

W: Nice to meet you, Toshi. I'm Sofia and I love K-Pop, too. I don't know my way around Fukuoka because I just arrived in Japan last week.

M: ₃You mean you came to Japan just for this concert?

W: ₃No, no. I live in Switzerland, but I have business in Tokyo. Last year when I found out that I would be coming to work in Japan, I looked for all the K-pop concerts that I could find. I was really lucky to get a ticket for this one.

M: You sure were! It's been completely sold out.

和訳

男性：失礼ですが，お困りですか。

女性：ええ，お願いします！　₁,₂この道は福岡ドームへ行く正しい道でしょうか。

男性：₂はい，この公園をまっすぐ抜けていきます。₁僕もそこへ行くので，ついてきてはどうですか。

女性：₁ああ，あなたは Blackpink のコンサートに行くんですか。

男性：₁その通り！　僕はコリアンポップスの大ファンで，一番好きなバンドが Blackpink です。彼女たちに会えることにすごくわくわくしています！　ところで，僕はトシです。

女性：はじめまして，トシさん。私はソフィアで，私も K ポップが大好きです。先週日本に着いたばかりなので，福岡周辺の地理は詳しくないんです。

男性：₃日本に来たのはこのコンサートのためだけということですか。

女性：₃いえいえ。私はスイスに住んでいますが，東京で仕事があります。昨年，仕事で日本に来るとわかったとき，見つけることのできる K ポップのコンサートをすべて探した

んです。このコンサートのチケットが取れて本当にラッキーでした。

男性：本当ですね！　すっかり売り切れてますからね。

問1　男性と女性は何をしようとしているか。

① コンサートに行く。

② 福岡に行く。

③ 公園でくつろぐ。

④ チケットを買う。

問2　男性と女性は今どこにいるか。

① 東京。　　　② 福岡。　　　③ 韓国。　　　④ スイス。

問3　女性はなぜ日本に来たのか。

① 仕事をするため。

② 東京を訪れるため。

③ チケットを買うため。

④ コンサートに行くため。

解説　**問1**　女性は，最初の発話で Is this the right way to the Fukuoka Dome?「この道は福岡ドームへ行く正しい道でしょうか」と聞いているので，福岡ドームに行こうとしていることがわかります。男性もその後の発話で，自分も同じく福岡ドームに行くのだと答えます。それを聞いた女性は Oh, you're going to the Blackpink concert?「ああ，あなたは Blackpink のコンサートに行くんですか」と確認し，男性がそれに同意していますので，正解は ① です。実際の場面を頭の中に思い描きながら聞くようにすると理解しやすいでしょう。

問2　女性に，この道が福岡ドームに行く正しい道か聞かれた男性は Yes, straight through this park.「はい，この公園をまっすぐ抜けていきます」と答えているので，福岡ドーム周辺にいることがわかります。したがって，正解は ② です。①の「東京」は，女性が仕事の出張で滞在している場所，③の「韓国」は，2人が見に行くバンドの出身地，④の「スイス」は，女性が住んでいる場所です。

問3　男性が4番目の発話でコンサートのためだけに日本に来たのか女性に尋ねたところ，女性は No, no. I live in Switzerland, but I have business in Tokyo. Last year when I found out that I would be coming to work in Japan, ...「いえいえ。私はスイスに住んでいますが，東京で仕事があります。昨年，仕事で日本に来るとわかったとき…」と答えていますので，女性は日本に仕事をするために来たとわかります。したがって，正解は ① です。②は紛らわしいですが，To visit Tokyo. は，観光したり，視察したり

する目的で東京を訪れること，つまり東京を訪れること自体が目的となっ
てしまうので，正解にはなりません。

 **ここがポイント** 状況を頭の中に思い描きながら聞き，文脈をすばやくつかむようにしよう。また，質問の先読みができており，選択肢の語句が短ければ，会話を聞きながら答えを特定していこう。

3	正解	問1	④	問2	③	問3	③

スクリプト ※下線部は解答の根拠にあたる箇所です。数字は問いの番号です。

M: Do you go to a lot of Korean pop concerts in Europe?

W: ₁Last month I went to Holland for a concert by Day 6.

M: Day 6? I've heard of them.

W: They went on a European tour. They played in big cities like Paris, London, and Berlin. ₁I saw them in Amsterdam.

M: Oh, you're a true fan. So it sounds like there must be a lot of K-pop concerts in Europe.

W: Actually, not. ₂In Europe, groups have to work with different promoters in different cities and different countries. So it gets really complicated to set up.

M: I see.

W: So, Toshi, how did you get interested in K-pop?

M: Well, when I was at university, I studied both English and Korean. ₃Studying Korean got me interested in K-pop. For other students, it was the other way around. They learned Korean because they liked K-pop.

W: Was Korean hard for you to learn?

M: Not really. In some ways, it's similar to Japanese. Look! Sofia, we're almost there.

W: Thanks for guiding me, Toshi. Enjoy the concert!

和訳 男性：ヨーロッパではよくコリアンポップスのコンサートに行くんですか。

女性：₁先月 Day 6 のコンサートのためにオランダに行きました。

男性：Day 6 ですか？　彼らのことは聞いたことがあります。

女性：彼らはヨーロッパツアーに出ていたんです。パリ，ロンドン，ベルリンのような大都市で公演していました。₁私はアムステルダムで見ました。

男性：ああ，あなたは根っからのファンなんですね。そうすると，ヨーロッパでは K ポップのコンサートが多く開かれているに違いないのでしょうね。

女性：実際は違います。₂ヨーロッパでは，グループは都市や国によって異なるプロモーターと仕事をしなければなりません。ですから開催するのはとても面倒になるんですよ。

男性：なるほど。

女性：ところで，トシさんはどうして K ポップに興味を持つようになったのですか。

男性：ええと，大学のときに，英語と韓国語の両方を勉強しました。₃韓国語の勉強をすることで，K ポップに興味を持つようになったんです。他の学生は順序が逆でしたね。彼らは，K ポップが好きだったから韓国語を学んでいました。

女性：韓国語を学ぶのはあなたにとって難しかったですか。

男性：そうでもなかったです。いくつかの点で韓国語は日本語と似ているんです。見て！　ソフィアさん，僕たちはもう近くまで来てます。

女性：トシさん，案内してくれてありがとうございました。コンサートを楽しんでください！

問1　女性は先月どこへ行ったか。

　　① パリへ。　　② ベルリンへ。　　③ ロンドンへ。　　④ アムステルダムへ。

問2　なぜヨーロッパでは K ポップのコンサートがほとんどないのか。

　　① ファンの母体が小さすぎる。

　　② プロモーターがほとんどいない。

　　③ K ポップのコンサートは開催するのが難しい。

　　④ グループが行くには遠すぎる。

問3　男性は韓国語に関して何と言っているか。

　　① 彼が学ぶには難しかった。

　　② 英語といくぶん似ている。

　　③ コリアンポップスに興味を持たせた。

　　④ 易しいのでほとんどの学生が勉強する。

解説　問1　女性は，最初の発話で Last month I went to Holland for a concert by Day 6.「先月 Day 6 のコンサートのためにオランダに行きました」と言っています。続いて女性は 2 番目の発話で，Day 6 という K ポップグループのヨーロッパツアーを見に行ったことを説明し，2 番目の最終文で I saw them in Amsterdam.「私はアムステルダムで見ました」と言っているの

で，正解は ④ です。①，②，③ はどれもそのグループが公演した都市の名前です。

問2 女性はヨーロッパにおけるKポップグループのコンサートの開催に関して，3番目の発話で In Europe, groups have to work with different promoters in different cities and different countries. So it gets really complicated to set up.「ヨーロッパでは，グループは都市や国によって異なるプロモーターと仕事をしなければなりません。ですから開催するのはとても面倒になるんですよ」と説明しています。つまり，開催するのが難しいということです。したがって，正解は ③ になります。プロモーターの数については言及がないので，② は不適です。

問3 男性は韓国語の勉強に関して，5番目の発話で Studying Korean got me interested in K-pop.「韓国語の勉強をすることで，Kポップに興味を持つようになった」と言っているので，正解は ③ です。① は，女性から韓国語の勉強は難しかったかと聞かれて Not really. と否定しているので不適です。② は，男性が最後に In some ways, it's similar to Japanese.「いくつかの点で韓国語は日本語と似ている」と言って，韓国語と日本語の類似性には触れていますが，英語との類似性には触れていないので不適です。

語句 Holland 名「オランダ」（公式名は The Netherlands。首都は Amsterdam），it sounds like ...「…のように聞こえる」，promotor 名「（コンサートなどの）主催者」，complicated 形「込み入った」，the other way around「逆方向に」

4 **正解** | 問1 ② | 問2 ② | 問3 ③ | 問4 ④ | 問5 ④ |

スクリプト ※下線部は解答の根拠にあたる箇所です。数字は問いの番号です。

W: Do you go to Tokyo sometimes, Scott?

M: Yeah, I usually go once or twice a year. Why do you ask?

W: Umm, I'm thinking about going this summer, but I've never been there before. I've been to Yokohama, but not Tokyo. I mean, I've been to Tokyo, but just the airport.

M: Really? I thought you used to live there?

W: ₁No, I lived in Osaka with my dad. Mom, of course, lives here and that's why I live in Sapporo now.

M: Oh, I guess I heard wrong.

W: ₂So, when was the last time you went to Tokyo?

M: ₂Umm, I went to see my grandparents in September. I had planned to go in August during the summer vacation but I had to work.

W: That's right. You started that job at the convenience store?

M: ₃Actually, I worked at a hotel. I was going to work at a convenience store but it was too many hours. I thought about working at a fast-food restaurant in my neighborhood, but the wage was too low. It was only eight-hundred and fifty yen an hour.

W: ₄So, what do you do when you're in Tokyo? I mean, do you go to Tokyo Disneyland?

M: ₄Umm, not usually. My grandparents live in Tokyo so I always stay with them. I have some cousins there, too, but I've never stayed with them.

W: You must do a lot of shopping? I mean, Tokyo has so many cool shops.

M: Umm, I'm not really interested in shopping, to tell the truth. I prefer hanging out at my grandparents' house.

W: Really?

M: Yeah, they're really cool. We play all kinds of board games, watch movies, and even play video games. ₅And my favorite activity is playing Go with my grandpa.

Question 1: Where did the woman use to live?

Question 2: When did the man visit his grandparents?

Question 3: Where did the man work part-time?

Question 4: What does the man do in Tokyo?

Question 5: What activity does the man like doing most at his grandparents' house?

和 訳
女性：東京にはときどき行くの，スコット？

男性：うん，ふつう年に1，2回は行くよ。何で聞くの？

女性：あのね，今度の夏に行こうと思っているんだけど，一度も行ったことがないの。横浜には行ったことがあるんだけど，東京はなくて。というか，東京には行ったことがあるんだけど，空港だけなの。

男性：本当？　君は昔そこに住んでいたと思ってたけど？

女性：₁ううん，お父さんと大阪で暮らしていたことはあったわ。でも，もちろんお母さんがここに住んでいるでしょ，だから今は私も札幌に住んでいるの。

男性：ああ，僕が聞き間違えたのかもしれない。

女性：₂それで，東京に最後に行ったのはいつ？

男性：₂ええと，9月に祖父母に会いに行ったよ。夏休み中の8月に行く予定だったんだけど，仕事をしなければならなくって。

女性：そうよね。コンビニで仕事を始めたのよね？

男性：₃実は，ホテルで働いたんだ。コンビニで働くつもりだったんだけど，時間が長すぎたんだ。近所のファストフードレストランで働くことも考えたけど，給料が安すぎた。時給がたったの850円だったよ。

女性：₄それで，東京では何をするの？ つまりその，東京ディズニーランドには行くの？

男性：₄うーん，ふつうは行かないな。祖父母が東京に住んでいるから，いつも祖父母のところに泊まるんだ。いとこも東京に何人かいるけど，いとこの家には泊まったことがないな。

女性：きっとたくさん買い物するんだよね？ なんていうか，東京にはすごくたくさんクールなお店があるから。

男性：うーん，実を言うと，あまりショッピングに興味ないんだ。祖父母の家でのんびりしている方が好きだよ。

女性：本当？

男性：うん，2人はとても素敵なんだ。あらゆる種類のボードゲームをしたり，映画を見たり，テレビゲームさえやったりするよ。₅それに僕のお気に入りの遊びは，おじいちゃんと碁を打つことなんだよ。

問1：女性は以前どこに住んでいたか。

問2：男性はいつ祖父母を訪れたか。

問3：男性はどこでアルバイトをしたか。

問4：男性は東京で何をするか。

問5：男性は祖父母の家でどんな遊びをすることが最も好きか。

問1 ① 彼女は東京に住んでいた。

② 彼女は大阪に住んでいた。

③ 彼女は横浜に住んでいた。

④ 彼女は札幌に住んでいた。

問2 ① 彼は夏に彼らを訪れた。

② 彼は9月に彼らを訪れた。

③ 彼は8月に彼らを訪れた。

④ 彼は11月に彼らを訪れた。

問3 ① 彼はコンビニエンスストアで働いた。

② 彼はファストフード店で働いた。

③ 彼はホテルで働いた。

④ 彼は近所で働いた。

問4 ① 彼はいつも東京ディズニーランドに行く。

② 彼はいつも買い物に行く。

③ 彼はいとこを訪ねる。

④ 彼は祖父母を訪ねる。

問5 ① 彼はボードゲームをすることが最も好きだ。

② 彼は映画を見ることが最も好きだ。

③ 彼はテレビゲームをすることが最も好きだ。

④ 彼は祖父と碁を打つことが最も好きだ。

解説 問1 男性が2番目の発話で I thought you used to live there(= Tokyo)?「君は昔そこ（東京）に住んでいたと思ってたけど？」と女性に言ったところ，女性は No, I lived in Osaka with my dad.「ううん，お父さんと大阪で暮らしていた」と答えているので，正解は ② です。女性は，① の東京には空港以外行ったことはなく，③ の横浜には「行ったことがある」とは言っていますが，「住んでいたと」は言っていません。④ の札幌については，現在時制で I live in Sapporo now.「今札幌に住んでいる」と言っているので不適です。

問2 男性は，女性の4番目の発話で最後に東京に行ったのはいつかを聞かれると，I went to see my grandparents in September.「9月に祖父母に会いに行った」と答えているので，正解は ② です。この直後の発話で男性は I had planned to go in August during the summer vacation but I had to work.「夏休み中の8月に行く予定だったんだけど，仕事をしなければならなくって」と言っているので，① と ③ は不適です。通例，9月は summer に含めません。September, October, November, December は語尾が似ているので聞き間違えないようにしましょう。

問3 男性はアルバイトをした場所について，5番目の発話で Actually, I worked at a hotel.「実は，ホテルで働いたんだ」と説明しているので，正解は ③ です。この発話の後，コンビニは時間が長すぎたのでやめにし，近所のファストフードレストランは給料が安すぎたのでやめにしたと発言しているので，①，②，④ はすべて不適です。選択肢内のすべての語が会話の中で次々に出てくるので，それぞれをよく聞き取っていきましょう。

問4 女性が6番目の発話で，東京にいるときは何をするか，東京ディズニーランドに行くのかを尋ねています。それに対して男性は，Umm, not usually. My grandparents live in Tokyo so I always stay with them. I have some cousins there, too but I've never stayed with them.「うーん，

ふつうは行かないな。祖父母が東京に住んでいるから，いつも祖父母のところに泊まるんだ。いとこも東京に何人かいるけど，いとこの家には泊まったことがないな」と答えています。ここでの発言をまとめると，「東京ディズニーランドにはあまり行かない」（① は×），「たいていは祖父母の家に行く」（④ は○），「いとこも東京にいるけど泊まったことはない」（③ は×）ということになります。このあとの発話で，男性は買い物にもあまり行かないと発言していますので，② も不適です。

問5　男性は最後の発話で And my favorite activity is playing Go with my grandpa.「それに僕のお気に入りの遊びは，おじいちゃんと碁を打つことなんだよ」と言っているので正解は ④ です。①，②，③ についてはこの発話の中で触れられていますが，男性はそれらを「一番好きだ」とは言っていません。

語句　I mean, ... 「つまり…」（会話文で自分の発言の補足や訂正に用いる），used to *do*「以前は～した」，hear wrong「聞き間違える」，neighborhood 图「近所」，wage 图「賃金」，cousin 图「いとこ」，cool 形「クールな，かっこいい」，to tell (you) the truth「実を言うと」，hang out「（家などで）のんびりと過ごす」

ここがポイント

・質問が音声で流れる場合は，事前にすばやく選択肢を読んで，「場所」，「時」，「手段」，「目的」，「理由」など，どのような情報に注意して聞けばよいか予測を立てるようにしよう。

・5W1H に関する細部の情報は，相手の発言を訂正したり，自分の発言の言い間違いを修正したりすることで，**前言がひるがえされることが多い**ので，気を抜かずに会話の流れを追ってくようにしよう。

1 　正解

1.	F	2.	F	3.	T	4.	T	5.	F
6.	F	7.	F	8.	T	9.	T	10.	F

スクリプト　※下線部は解答の根拠にあたる箇所です。数字は選択肢の番号です。

Tony (以下 **T**): Good morning, Betty.

Betty (以下 **B**): Oh, hi Tony. ₁, ₃I heard you were in New York.

T: ₃Yes, I just got back on Monday.

B: What did you do in New York?

T: ₁, ₂, ₄I attended a birthday party for a teacher who turned ninety years old. ₄She was my history teacher when I was in grade six of elementary school.

B: What? You went all the way to New York to attend a birthday party? Well, your teacher is lucky to have taught a student like you. What else did you do?

T: ₅I walked across the High Line on the west side of Manhattan in New York.

B: The High Line? What's that? ₆I've never heard of it.

T: Well, it's like a park on a bridge. ₆It opened in 2009.

B: I can't imagine a park on a bridge. What is it famous for?

T: Let me see. ₇, ₈The High Line is like a bridge made of an old railroad trail of the former New York Central Railroad. It's two kilometers long. ₉The High Line has become famous for the wild plants and artwork along the way. And oh! The city view is great.

B: ₈You mean the city recycled an old railroad and made it into a park?

T: That's right.

B: ₁₀Interesting! I'd like to take a walk along the High Line someday.

和訳　トニー：　おはよう，ベティー。

ベティー：あ，おはよう，トニー。₁, ₃あなた，ニューヨークに行ってたって聞いたけど。

トニー：　₃うん，月曜日に戻ったところなんだ。

ベティー：ニューヨークで何をしたの？

トニー：　₁, ₂, ₄90 歳になった先生の誕生日パーティーに出たんだ。先生は僕が小学校 6 年のときの歴史の先生だったんだよ。

ベティー：え？　誕生日パーティーに出るためにわざわざニューヨークに行ったの？　まあ、先生はあなたのような生徒を教えていたなんて幸運よね。他に何をしたの？

トニー：　₅ニューヨークのマンハッタンのウエストサイドにあるハイラインを歩いたよ。

ベティー：ハイライン？　それは何？　₆聞いたことないわ。

トニー：　ええと、高架橋の上の公園のようなものなんだ。₆2009年にオープンしたんだ。

ベティー：高架橋の上の公園なんて想像できないわ。何で有名なの？

トニー：　ええと。₇, ₈ハイラインっていうのは、廃止されたニューヨーク・セントラル鉄道の古い線路跡でできた高架橋のようなものだよ。2キロの長さがあるんだ。₉ハイラインは沿線上にある野生の植物や芸術作品で有名になったんだよ。それに、ああ！　ニューヨークの景色がすばらしいんだ。

ベティー：₈ニューヨーク市が古い線路を再利用して公園にしちゃったってこと？

トニー：　そうなんだよ。

ベティー：₁₀面白いわね！　私もいつかハイラインに沿って散歩してみたいわ。

1.　トニーはミュージカルを見にニューヨークに行った。

2.　ベティーはニューヨークで自分の90歳の誕生日を祝った。

3.　トニーは最近ニューヨークから戻ってきた。

4.　トニーの小学校の先生は90歳になった。

5.　ハイラインはマンハッタンのイーストサイドに位置している。

6.　ベティーは2009年にハイラインのことを聞いた。

7.　列車はまだハイラインを渡って走っている。

8.　もう使われていない線路が再利用されて公園になった。

9.　ハイライン沿いを歩くと、野生の植物と芸術作品を見られる。

10. ベティーはハイラインに興味がない。

1.　ベティーからニューヨークで何をしたのかと聞かれたトニーは、3番目の発話で I attended a birthday party for a teacher .... 「…先生の誕生日パーティーに出たんだ」と言っています。ミュージカルを見たとは言っていないので F です。

2.　90歳になったのはトニーの小学校のときの先生なので F です。

3.　ベティーが最初の発話の後半でトニーに I heard you were in New York. 「あなた、ニューヨークに行ってたって聞いたけど」と言うと、トニーはそれに答えて、Yes, I just got back on Monday. 「うん、月曜日に戻ったところなんだ」と言っているので T です。

4.　トニーの3番目の発話に ... a teacher who turned ninety years old「90歳になった先生」とあります。さらに続くせりふからその人が小学校時代の

先生だとわかるので T です。

5. トニーの 4 番目の発話 I walked across the High Line on the west side of Manhattan in New York. 「ニューヨークのマンハッタンのウエストサイドにあるハイラインを歩いたよ」より，ハイラインはマンハッタンのイーストサイドではなく，ウエストサイドに位置していることがわかるので F です。

6. トニーが 5 番目の発話で It opened in 2009. 「それ（ハイライン）は 2009 年にオープンした」と説明していますが，ベティーはその前の発話で I've never heard of it. 「ハイラインのことを聞いたことがない」と言っているので F です。

7. トニーは 6 番目の発話で The High Line is like a bridge made of an old railroad trail of the former New York Central Railroad. 「ハイラインっていうのは，廃止されたニューヨーク・セントラル鉄道の古い線路跡でできた高架橋のようなものだよ」と言っており，ハイラインは廃線であることがわかるので F です。

8. 7 と同様に，トニーはハイラインを公園だと説明したうえで，それは廃止された線路を利用したものだと説明しているので T です。

9. トニーは 6 番目の発話の第 4 文で The High Line has become famous for the wild plants and artwork along the way. 「ハイラインは沿線上にある野生の植物や芸術作品で有名になったんだよ」とハイライン沿いに，野生の植物と芸術作品があることを説明しているので T です。

10. ベティーは最後の発話で Interesting! I'd like to take a walk along the High Line someday. 「面白いわね！　私もいつかハイラインに沿って散歩してみたいわ」と言って，ハイラインに興味を示しているので F です。

語句 attend 動「〜に出席する」，turn 動「（年齢が〜歳）になる」，trail 名「（残された線状の）跡」，former 形「以前の，昔の」

ここが ポイント　音声を聞く前に英文を読み，どのような情報に注意すればよいかざっと把握しておこう。間違いの英文も複数あるため，書かれていることをすべて正しいと思いこまないよう注意が必要。また音声を聞くときに細部の情報はそれが意味することと関連づけて理解しよう。

例）90 歳→トニーの先生の誕生日

ハイライン→マンハッタンウエストサイド。廃線の高架を公園にした

2009 年→ハイラインのできた年

スクリプト ※下線部は解答の根拠にあたる箇所です。数字は選択肢の番号です。

（**B**: Benji　**K**: Karena）

B: Well, Karena, what do you think about Professor Carre's seminar course policies?

K: ₁It sounds really exciting and I kind of like the idea about establishing study groups to discuss some of the more challenging aspects of the readings. ₁By the look of your face, Benji, you have another opinion?

B: ₁Well, I'm not so sure. I'm not fully convinced whether the idea of study groups is going to work. I mean, who's going to take charge of these meetings? ₂Don't we have to assign a leader?

K: ₂Well, we can decide that later at the first meeting, don't you think?

B: I suppose so. ₃But what if I don't have anything in common with the people in my group?

K: Didn't you hear? ₄The great thing is that we can change group members freely, remember it's not like a club with fixed members. Also, our meetings are organized around discussions. We all have to do our readings and other studies independently before we meet. The study group format will provide opportunities for us to raise questions on difficult aspects of the reading, and perhaps we can develop some solutions to problems, something that might be harder to accomplish if we work alone.

B: That's a really good point!

K: ₅Professor Carre also said he wants the students to develop effective communication skills through this experience. For instance, we have to learn how to argue constructively without criticizing, and how to disagree with someone else's ideas. All of this will help us become effective team members.

B: Yes, I guess you're right, Karena. ₆You know, I think you would be a good team leader for a study group.

和訳 ベンジー：ねえ，カリーナ，カレ教授のゼミの講座方針についてどう思う？

カリーナ：₁とても面白そうだし，学習グループを作って，読書課題の内容のうち，より興味をそそる点をいくつか話し合うという考えは，ちょっといいわね。₁ベンジー，その表情からすると，違う意見があるのね？

ベンジー：1うーん，僕はよくわからない。学習グループを作るという考えがうまくいくのか
　　　　　はっきりと確信が持てないよ。つまり，これらのミーティングの責任者になるの
　　　　　は誰なのかって言いたいんだ。2リーダーは割り当てなくてもいいの？

カリーナ：2まあ，後で，最初のミーティングのときにでも決められるんじゃない？

ベンジー：そうかもね。3でも，グループの人たちと共通点が何もない場合はどうなるの？

カリーナ：聞いてなかったの？4すばらしいことにグループのメンバーは自由に変えられる
　　　　　の，メンバーが固定されているクラブみたいなのとは違うってことを忘れないで。
　　　　　それにミーティングは話し合いを中心に行われるの。集まる前にみんな各自で読
　　　　　書課題やその他の勉強をやらなければならないのよ。学習グループという形式は
　　　　　読書課題の中の難しい観点について私たちが質問をし合う機会を与えてくれる
　　　　　し，ひょっとしたら様々な問題についていくつか解決策を思いつくこともできる
　　　　　わ，それは一人で取り組んでいたら達成するのが難しいことかもしれない。

ベンジー：それは本当にすばらしい点だね！

カリーナ：5カレ教授は学生にこの経験を通じて，効果的なコミュニケーション技術を身につ
　　　　　けてほしいとも言っていたわ。たとえば，批判をせずに建設的に議論する方法や，
　　　　　他人の考えに反対する方法を学ばなければいけないの。こうしたことはすべて，
　　　　　私たちがチームの有能な一員になるのを手助けしてくれるのよ。

ベンジー：そうだね，カリーナ，きみは正しいと思う。6ねえ，きみは学習グループの優れた
　　　　　チームリーダーになるんじゃないかな。

1　ベンジーもカリーナも教授の講座方針が面白そうだと思っている。

2　カリーナはグループのリーダーを決めるのはミーティングでできることを示唆している。

3　ベンジーはグループの他のメンバーと共通点が何もないことを心配している。

4　学習グループを作る学生たちは1つのチームとしてとどまらなければならない。

5　教授はグループという状況の中で，効果的なコミュニケーション技術を身につけてほし
　　いと思っている。

6　カリーナはベンジーなら学習グループの優れたリーダーになるだろうと思っている。

1　カリーナは最初の発話で It sounds really exciting「とても面白そうだ」と
　　言っていますが，ベンジーはカリーナから By the look of your face, Benji,
　　you have another opinion?「ベンジー，その表情からすると，違う意見が
　　あるのね」と指摘されて，I'm not so sure.「僕はよくわからない」と答え
　　ているので，ベンジーはカレ教授の講座を面白そうだとは思っていません。
　　したがって F です。

2　カリーナは2番目の発話で Well, we can decide that (= the leader) later
　　at the first meeting, don't you think?「まあ，後で，最初のミーティングの

ときにでも決められるんじゃない？」と言っているので T です。

3　ベンジーは 3 番目の発話で，But what if I don't have anything in common with the people in my group?「でも，グループの人たちと共通点が何もない場合はどうなるの？」と心配しているので T です。

4　カリーナが 3 番目の発話の第 2 文で，グループのメンバーについて The great thing is that we can change group members freely「すばらしいことにグループのメンバーは自由に変えられるの」と言っているので F です。

5　カリーナが最後の発話で，効果的なコミュニケーション技術について Professor Carre also said he wants the students to <u>develop effective communication skills</u> through this experience.「カレ教授は学生にこの経験を通じて，<u>効果的なコミュニケーション技術を身につけてほしい</u>とも言っていたわ」と言っているので T です。

6　ベンジーが最後の発話で I think you would be a good team leader for a study group.「きみは学習グループの優れたチームリーダーになると思う」とカリーナに言っていますが，カリーナはベンジーに対して，同様の発言はしてはいないので F です。

語句　seminar 名「ゼミ，演習」，policy 名「方針」，establish 動「～を作る，創立する」，challenging 形「興味をそそる」，aspect 名「(事柄の) 側面」，*be* convinced ～「～を確信している」，take charge of ～「～を受け持つ」，assign 動「～を割り当てる」，what if ～?「～だとしたらどうなるのか」，have ～ in common with ...「…と～の共通点がある」，fixed 形「固定された」，organize 動「～をまとめる，組織する」，independently 副「個別に」，format 名「形式」，provide 動「～を提供する」，opportunity 名「機会」，solution 名「解決策」，accomplish 動「～を達成する」，effective 形「(ものごとが) 効果的な，(人が) 有能な」，constructively 副「建設的に」，criticize 動「(を) 批判する」

ここが ポイント　同じ話題でも発言者によって意見が異なる場合がある。音声を聞くときは，対立点を聞き取って，発言者ごとに意見を整理しよう。

音読・ディクテーショントレーニング

復習のしかた

● 音読
トレーニング用音声の発音をまねて，スクリプトを声に出して読みましょう。
● シャドーイング
トレーニング用音声を聞きながら，すぐあとに続いて繰り返しましょう。
● ディクテーション
スクリプトを見ないでトレーニング用音声を聞き，英文を書き取りましょう。

Check　和訳 ▶ p.15　　　　　　　　　　　　　　　🔊33

I'd like to explain about assignments for this seminar course. Now you may think that your assignments should be done independently. For example, no discussions with your classmates, no sharing of your ideas with fellow students. Perhaps some of your high school teachers in the past might have told you that your work outside of class should be your own work. However, I'm not so sure that that is always the case, particularly for certain courses such as small seminars. The major part of the evaluation for this seminar course is completion of readings and study questions in preparation for class discussions. Then students will be judged for their active participation in those discussions. For each of you to complete your readings and study questions, I'd like to encourage you to create study groups which will meet outside of class. At times, we can have study group sessions in class if necessary.

1　和訳 ▶ p.56　　　　　　　　　　　　　　　🔊34

Ayaka (A), Elizabeth Vazquez (E)

A: Good morning everyone. On today's show we have a very special guest. Her name is Elizabeth Vazquez and she is the president of WEConnect International, an NPO that helps women get a stronger presence in the business world. Elizabeth, could you tell us a bit about your NPO?

E: Good morning Ayaka, and thank you for inviting me. WEConnect International supports and promotes women-owned businesses in over 100 countries across the Americas, Asia, Europe, the Middle East and Africa.

A: That's very impressive. We will need more businesses run by women in the future.

E: Absolutely! I believe that if we support women in business, we can achieve our Sustainable Development Goals or SDGs by 2030, especially goal number 5 which is about gender equality.

A: What are the challenges we face to achieve this specific goal?

E: Well, at the moment, women do not yet have the economic power, or the political power, to change the systems that were created primarily by men. WEConnect is hoping to help women gain more economic power so they can close the gap.

A: I see. Please tell me a little more about how you think the future can change for women.

2 和訳 ▶p.58　　　　　　　　　　　　　　　　◀))35

Good afternoon! This week I have information about three part-time jobs, and they're all looking for staff who can start as soon as possible.

The first job is at a popular bakery in the town centre. They need someone who can work Mondays and Wednesdays from 8:30 a.m. to 12:30 p.m., and Fridays are a little bit longer, from 7:45 a.m. to 1:00 p.m. Ideally, the manager is looking for someone who has had some experience in a similar environment because there's no training. So if you've sold food before, then you'll probably have an advantage over other applicants. The pay is £11.50 an hour and the bakery is open on public holidays.

3 和訳 ▶p.60　　　　　　　　　　　　　　　　◀))36

We are not perfect yet, but we are slowly but surely getting there. Take a look at all the garbage that is waiting to be collected by the waste-disposal trucks, and you will soon see that Japan is making a big effort to recycle. We separate our glass bottles, cans, plastic, paper, and kitchen waste. These things are collected on different days.

When old houses, ships, and buildings are torn down, the debris is sorted. It is then used for making new things. The items that can't be used again are dumped in landfills. We believe that this is a non-polluting system, and that the underground water is not being polluted. Unfortunately, though, every so often, there are people who want to make a profit and who ignore the law, ending up polluting the water.

 和訳 ▶p.20 ◀))37

M: Why is John in a hurry?
W: The class starts soon.

 和訳 ▶p.21 ◀))38

W: Have you finished the work I asked you to do?
M: No, I haven't even begun yet.

Check 3 和訳 ▶p.22 ◀))39

M: She gave me a wonderful present on my birthday.
W: What was it?

Check 4 和訳 ▶p.23 ◀))40

M: Have you seen Devil's Sister?
W: No, not yet, but I'm going to the cinema tomorrow.
M: I have seen it twice already. It was really exciting!
W: Don't tell me the story.

1 問1　和訳▶p.62　　　　　　　　　　　　◀))41

W: Which of these books of mine do you want to read?
M: The one you like most.

1 問2　和訳▶p.62　　　　　　　　　　　　◀))42

M: Where did you learn to speak Spanish?
W: At a local language school.

1 問3　和訳▶p.62　　　　　　　　　　　　◀))43

W: How long have you been working for the company?
M: For five years.

1 問4　和訳▶p.63　　　　　　　　　　　　◀))44

M: Why didn't you take that bus?
W: The bus was so crowded.

1 問5　和訳▶p.63　　　　　　　　　　　　◀))45

W: When does that village hold its annual festival?
M: Every August.

2 問1　和訳▶p.64　　　　　　　　　　　　◀))46

W: Does your sister enjoy reading books?
M: I never see her read a book.

2 問2 和訳▶p.64 ◀))47

M: Does your brother have a driver's license?
W: He is still attending driving school.

2 問3 和訳▶p.64 ◀))48

W: Were you going to say something to me?
M: Yes, but I forgot what it was.

2 問4 和訳▶p.65 ◀))49

M: Isn't your father at home now?
W: Shall I call him to ask?

2 問5 和訳▶p.65 ◀))50

W: Do you know when the package will arrive?
M: It's already here.

3 問1 和訳▶p.66 ◀))51

M: The movie lasted almost three hours.
W: The time passed quickly, though.

3 問2 和訳▶p.66 ◀))52

W: I think your wallet is on the table outside.
M: You're right. Thank you.

3 問3　和訳▶p.67

◀)) 53

M: My friends and I are going to the movie theater this weekend.

W: What movie will you see?

3 問4　和訳▶p.67

◀)) 54

W: There was a phone call while you were taking a bath.

M: That must have been my brother.

3 問5　和訳▶p.67

◀)) 55

M: The weather forecast says it might snow this weekend.

W: Should we change our plans?

4 問1　和訳▶p.68

◀)) 56

M: Hello, Nanami, it's nice to meet you!

W: It's nice to meet you, too, Mr. Smith.

M: We're so happy for you to do a homestay with us. Welcome to the Smith family!

W: I'm excited to be here.

4 問2　和訳▶p.69

◀)) 57

W: Professor Jones, could you please tell me when the exam results will be announced?

M: Not for another month, Haruka.

W: That's such a long time to have to wait!

M: Well, you'll just have to wait.

4 問 3 　和訳 ▶p.69

M: Hi, Emi, have you booked the accommodation for our holiday yet?

W: Why? What's up?

M: There's no rush. Just don't book the hotel that David and Nicole stayed at last summer.

W: Oh, why not?

M: It costs too much.

4 問 4 　和訳 ▶p.70

M: What are you doing after class today, Mitsuki?

W: I'm going to take the test to get my driver's license.

M: Is this your first time to take the test?

W: Yes, so I'm very nervous.

4 問 5 　和訳 ▶p.71

M: Hi, Haruna, when are you moving to Yokohama?

W: Hopefully at the end of March.

M: But there's a problem?

W: Right. The moving company is fully booked until the tenth of April.

M: It sounds like things are still up in the air.

3

 Check 1 　和訳 ▶p.28

W: A medium latte, a tuna sandwich and a muffin, please.

M: For here or to go?

W: I'll be eating here.

M: That'll be $3.90, please.

W: Where shall we eat tonight?

M: Would you mind if we didn't go out to eat after work? I want to watch the baseball game on TV.

W: Hey, we could have dinner at the sports bar. They have a huge screen. We can watch the game there.

M: You're on. Great idea!

W: I can't make it to the committee meeting. I'm stuck in traffic.

M: Don't worry. We'll start without you and brief you later.

W: OK, I'll catch up with everything when I get there.

M: Your new original song is wonderful.

W: Oh, do you really think so?

M: I'm not a fan of pop songs, but I really like the sound of your voice.

W: Well, thank you. That's quite a compliment.

W: Have you seen the sports news today? It's great.

M: No, I haven't. What's going on?

W: Your favorite pro baseball team is in the lead.

M: Really? I knew they could do it.

◀»)66

M: I'm going to the art museum on Sunday. Do you want to come along?

W: No, thanks. I've got way too much work to do.

M: Are you sure you can't take a little bit of time off?

W: I'm afraid not.

◀»)67

M: I'm taking a college entrance exam this weekend.

W: Do you think you studied enough to pass?

M: Maybe. I kind of doubt that I'll get a good score.

W: Well, get to work and do what you need to do to get ready.

◀»)68

M: I'm supposed to meet Mr. Roberts at 1 p.m.

W: May I have your name, please?

M: Kenji Yamamoto from ABC Corporation.

W: Yes, Mr. Yamamoto. Mr. Roberts will see you in Meeting Room A on the third floor. There are elevators at the end of the hall.

◀»)69

W: How nice those are!

M: Thank you. I just bought these today.

W: It has been cold these couple of days, hasn't it?

M: It has. I don't want to keep my hands in my pockets when I'm outside.

2 問2　和訳▶p.77 ◀)) 70

W: What happened? How did you get injured?

M: I fell down accidentally during tennis practice.

W: Do you think you will be able to go camping next month?

M: I can walk, at least, and my doctor told me that my cast will come off in two weeks.

2 問3　和訳▶p.78 ◀)) 71

W: Where did you put the key? We always keep it on top of the shelf, but it isn't there now.

M: Maybe I left it on the sofa or on the TV rack.

W: I've already checked there but saw nothing. Can I check your briefcase?

M: No, no, no. I'll do it. ...Well, you're right. Here it is.

2 問4　和訳▶p.79 ◀)) 72

W: This picture looks really nice. I love it.

M: You mean the one with the bright gold ring? Actually, I took it with my smartphone.

W: Wow, I can't believe it.

M: Honestly, I am a little shocked that many people say it's better than the ones I took with my high-quality camera.

2 問5　和訳▶p.80 ◀)) 73

M: What does the weather forecast say the weather will be this weekend?

W: It'll be cool with rainfall on Saturday.

M: How about Sunday?

W: It'll be sunny and much warmer.

M: Were you able to climb up to the roof?

W: Yes.　Thank you for lending this ladder to me.

M: No problem.　Did you find it?

W: I found not only my soccer ball we wanted, but a baseball and even a model plane as well.

2 問7　和訳▶p.81

M: Oh, my sister is over there.

W: Who is she?　The one talking on the phone?

M: No.　I think she is texting.

W: Oh, the one wearing glasses with short hair.

3 問1　和訳▶p.82

M: I need to make an appointment.　It's pretty urgent.　I've lost a filling in my back tooth.

W: We have a cancellation this afternoon. 2:45, if that's OK?

M: That's great.　I'll be there.　See you in a few hours.

3 問2　和訳▶p.83

W: I don't think we've met.　I'm Anne, and I've just transferred here to the New York office.

M: Hello.　I've been hearing a lot about you.　I think we met a couple of years ago at the conference in Toronto.

W: Oh yes, we did, didn't we?　I'm looking forward to working together.

3 問3　和訳▶p.84

W: There are still tickets for the 5:45 performance, but the 8:45 is sold out, I'm afraid.

M: That's fine. We'll have two, please. One adult, one child.

W: OK. Two for 5:45. The doors open at 5 o'clock.

3 問4　和訳▶p.85

M: Sorry, I just remembered that I have a doctor's appointment tomorrow morning. Could we meet for lunch instead of breakfast?

W: Um ... no problem. I can do lunch, too. How about 12:30 at the usual restaurant?

M: Great. See you tomorrow.

4

Check 1　和訳▶p.38

As the global population grows, it will be increasingly difficult to grow enough food to feed the world's poor. For this reason, we need to change our diet so that we can produce more food on less land while protecting the environment. The best way to do this is to avoid meat and dairy products. These products are less efficient since the feed given to animals requires large amounts of land and water — resources that could be used to grow crops for human consumption.

Check 2　和訳▶p.40

When is the best time to visit Japan? Spring in Japan is famous for the cherry blossoms, which usually come out in early April. However, because of their short period of full bloom, you might miss the best timing. Why don't you choose the middle of May after the so-called Golden Week? You could enjoy fresh green leaves then. While Golden Week is a collection of national holidays from the end of April to the beginning of May and is a popular time for travel, this holiday period is way too busy for me. Therefore, it's not the best time to travel in Japan.

1 問1　和訳▶p.86 ◀))82

Everybody needs to take a rest. It's one of the fundamental needs of the human mind and body. How, then, do we get a good rest? They say that getting the right amount of sleep is necessary to rest. Moderate exercise or taking a warm bath is also effective to help you relax. In my opinion, the most important tip to get rest is to keep your work and personal life separate. You will always feel exhausted if you do not make a clear distinction between your job and your private life. That's why I never check my work email when I get home.

1 問2　和訳▶p.87 ◀))83

People have been brushing their teeth, either with plastic toothbrushes or their predecessor, wooden 'brushing sticks', for thousands of years. However, only within the last 80 years has the head of the toothbrush been made from nylon, which is a type of plastic. Before that, most toothbrushes were made first from the hard, short hairs from a pig's neck, and then from softer horsehair. The handles were usually made from cow bone. Even though most of us would probably prefer not to brush with pig hair and a cow bone, today's modern plastic toothbrushes actually create a lot of plastic waste, with over 1 billion of them entering landfills every year in the U.S. alone.

1 問3　和訳▶p.89 ◀))84

Country X's steel production has expanded hugely. Since 1990, output has grown dramatically. In 1990, it produced 66 tons of steel. This output had doubled by the year 2000. The years from 2000 until 2010 were phenomenal. The figure of 2010 was four times that of 2000. After 2010, the consumption of steel declined. The production of 2020 was more or less the same as that of 2010.

The Yamada family used to live in an apartment on the north west corner of Willow Street and 4th Street. Last year the family bought a house and in January moved in. They love the house because it is located across from a convenience store and within two blocks of the nearest subway station. Besides, they can enjoy the sunshine in their living room, which is right next to a park.

It is getting easier and easier to travel all over the world because we are now living in a globalized society. In order to be successful in such a society, being fluent in English is one of the most important skills. Being able to speak English, however, isn't enough to communicate with people from other countries. Understanding other countries' customs is also very important. Do you know that although a thumbs-up gesture has a positive meaning in Western countries, it is one of the biggest insults in Iran? And in China it is impolite to finish eating everything on your plate because it implies you are not satisfied with your meal.

Statistics suggest that the rates of loneliness are rising sharply in recent years in spite of our society being more technologically connected than ever before. The British government has taken the problem seriously and appointed a minister for loneliness in 2018. Research also shows that loneliness may lead to a number of mental diseases. So how can we cope with this feeling? In my opinion, it's not a good idea to force yourself to meet people. Moving your body, such as taking a walk or jogging, could refresh your mind. Reading fiction novels or watching movies could be another solution. Keeping yourself busy is also effective to forget about negative feelings.

3 和訳 ▶p.95 ◀)))88

Martin lives by the seashore in Hawaii. He enjoys running along Lanikai Beach every morning before work. Usually Martin starts as the golden sun begins to rise above the ocean waves. During these runs, he has gradually collected beautiful shells that have washed up onto the sandy beach overnight. Martin's collection of many colors, shapes, patterns, and sizes grew so large that he gave it to a local museum. Now visitors from around the world can enjoy Martin's morning discoveries.

4 和訳 ▶p.96 ◀)))89

There is a Japanese art form that is popular around the world which uses living plants that are rooted in soil. Although this traditional art originated in China, it has a thousand years of history in Japan. This art is bonsai. Various tools, techniques, and knowledge enable a bonsai artist to create and style miniature trees that resemble the shape of full-scale trees. Moreover, these tiny trees, whose roots are cut short to restrict the trees' growth, can live for centuries in shallow, tray-like containers. The main aim of bonsai is to give the viewer a living wonder to observe. It also brings pleasure and satisfaction to the grower, who needs creativity, effort, and much patience to practice this art.

5

  Check 和訳 ▶p.45 ◀)))90

M: Excuse me, ma'am. I think I'm lost. Do you know how to get to the nearest subway station from here?

W: Good question. I know it's around here somewhere, but I'm not sure exactly. I just moved here a few weeks ago, and I'm still trying to figure this place out. Do you have a smartphone with you?

M: I do, but the battery just died. Oh man, I'm running late, and I have to meet my boss at Central Station in about 10 minutes. You're the third person I've asked. Everyone around here is a tourist!

W: Of course it's more expensive, but how about taking a taxi?

M: You know, normally I would, but at this time of day, with this traffic, it'll take at least 25 minutes by car. And I have no way to contact my boss to tell him I'm running late!

W: Oh, we're in luck! Here comes my sister. She works around the corner and takes the subway every day, so she'll know where you should go!

---

1 問1　和訳▶p.98　　　　　　　　　◀》)91

W: Hello, can I help you?

M: Hi, yes. I'd like to buy a case for my new smartphone. There are so many to choose from here!

W: Well, this is a very popular one. It is unbreakable — it will protect your phone even if you drop it from a height of up to 2 meters. As you can see, it isn't too expensive at 15 dollars.

M: Can you tell me about this one? It looks very unusual.

W: Sure, this one is 12 dollars and you can create your own design for the case in any color you wish.

M: Mmm..., interesting. How about these cases here?

W: These are quite popular, too. This one is made of leather, and it's only 25 dollars. This other case here, at 20 dollars, is a little cheaper, and it has this slot for keeping a train pass or credit card.

M: I really like the idea of having a case with my own design on it. But I do need a strong case, so I'll go for the first one you showed me.

---

1 問2　和訳▶p.100　　　　　　　　◀》)92

W: Excuse me, Professor Le Tissier?

M: Oh, hello Frances. What can I help you with?

W: I'd like to hand in my report.

M: You're early, well done! But wait a minute... this is handwritten. All of the assignments must be typed, so I'm afraid I can't accept it like this.

W: Really? Sorry, I misunderstood. I have to go home now, but when is the final deadline?

M: It has to be in by one o'clock on Friday. I'll be in my office from nine o'clock.

W: I've got driving school on that morning, so I'm not sure if I can come in. Do I have to give it to you directly?

M: You can put it in my mailbox on Thursday once it's typed. Do you know where my mailbox is?

W: I'm sure I'll be able to find it.

---

2 和訳▶p.101　　　　　◀))93

M: Excuse me, but do you need help?

W: Yes, I do! Is this the right way to the Fukuoka Dome?

M: Yes, straight through this park. I'm going there too, so why don't you follow me?

W: Oh, you're going to the Blackpink concert?

M: I sure am! I'm a big fan of Korean pop music, and my favorite band is Blackpink. I'm so excited to see them! I'm Toshi, by the way.

W: Nice to meet you, Toshi. I'm Sofia and I love K-Pop, too. I don't know my way around Fukuoka because I just arrived in Japan last week.

M: You mean you came to Japan just for this concert?

W: No, no. I live in Switzerland, but I have business in Tokyo. Last year when I found out that I would be coming to work in Japan, I looked for all the K-pop concerts that I could find. I was really lucky to get a ticket for this one.

M: You sure were! It's been completely sold out.

---

3 和訳▶p.103　　　　　◀))94

M: Do you go to a lot of Korean pop concerts in Europe?

W: Last month I went to Holland for a concert by Day 6.

M: Day 6? I've heard of them.

W: They went on a European tour. They played in big cities like Paris, London, and Berlin. I saw them in Amsterdam.

M: Oh, you're a true fan. So it sounds like there must be a lot of K-pop concerts in Europe.

W: Actually, not. In Europe, groups have to work with different promoters in different cities and different countries. So it gets really complicated to set up.

M: I see.

W: So, Toshi, how did you get interested in K-pop?

M: Well, when I was at university, I studied both English and Korean. Studying Korean got me interested in K-pop.For other students, it was the other way around. They learned Korean because they liked K-pop.

W: Was Korean hard for you to learn?

M: Not really. In some ways, it's similar to Japanese. Look! Sofia, we're almost there.

W: Thanks for guiding me, Toshi. Enjoy the concert!

 和訳 ▶p.106　　　　　　　　　　　　　　　　　　　95

W: Do you go to Tokyo sometimes, Scott?

M: Yeah, I usually go once or twice a year. Why do you ask?

W: Umm, I'm thinking about going this summer, but I've never been there before. I've been to Yokohama, but not Tokyo. I mean, I've been to Tokyo, but just the airport.

M: Really? I thought you used to live there?

W: No, I lived in Osaka with my dad. Mom, of course, lives here and that's why I live in Sapporo now.

M: Oh, I guess I heard wrong.

W: So, when was the last time you went to Tokyo?

M: Umm, I went to see my grandparents in September. I had planned to go in August during the summer vacation but I had to work.

W: That's right. You started that job at the convenience store?

M: Actually, I worked at a hotel. I was going to work at a convenience store but it was too many hours. I thought about working at a fast-food restaurant in my neighborhood, but the wage was too low. It was only eight-hundred and fifty yen an hour.

W: So, what do you do when you're in Tokyo? I mean, do you go to Tokyo Disneyland?

M: Umm, not usually. My grandparents live in Tokyo so I always stay with them. I have some cousins there, too, but I've never stayed with them.

W: You must do a lot of shopping? I mean, Tokyo has so many cool shops.

M: Umm, I'm not really interested in shopping, to tell the truth. I prefer hanging out at my grandparents' house.

W: Really?

M: Yeah, they're really cool. We play all kinds of board games, watch movies, and even play video games. And my favorite activity is playing Go with my grandpa.

 和訳 ▶ p.53　　　　　96

W: Darren, have you thought about where we should take Mom for her birthday dinner? I'd like to take her somewhere nice.

M: What about that new steakhouse restaurant that just opened? The one near the bus station.

W: You're joking right? Have you seen the long lines outside that place? We'll never get a table.

M: Oh, yeah, you're probably right. Then, how about going to the Thai restaurant we went to for your high school graduation party?

W: That's a great idea! I didn't even consider that place. The food is tasty, and the service is excellent. It isn't cheap, though.

M: That's okay. Thanks to your bonus, you can afford to pay for all of our meals.

W: Nice try. You and I will be splitting the bill 50-50. Do you think I should make a reservation?

M: I would. It seems to be popular and you want to go this Saturday, right?

W: Definitely. That is Mom's birthday, after all. I'll call and make a reservation for six of us. How does 7 pm sound?

M: Seven is perfect! I'll let Mom and Dad know.

1 和訳 ▶p.110

◀))97

(T: Tony B: Betty)

T: Good morning, Betty.

B: Oh, hi Tony. I heard you were in New York.

T: Yes, I just got back on Monday.

B: What did you do in New York?

T: I attended a birthday party for a teacher who turned ninety years old. She was my history teacher when I was in grade six of elementary school.

B: What? You went all the way to New York to attend a birthday party? Well, your teacher is lucky to have taught a student like you. What else did you do?

T: I walked across the High Line on the west side of Manhattan in New York.

B: The High Line? What's that? I've never heard of it.

T: Well, it's like a park on a bridge. It opened in 2009.

B: I can't imagine a park on a bridge. What is it famous for?

T: Let me see. The High Line is like a bridge made of an old railroad trail of the former New York Central Railroad. It's two kilometers long. The High Line has become famous for the wild plants and artwork along the way. And oh! The city view is great.

B: You mean the city recycled an old railroad and made it into a park?

T: That's right.

B: Interesting! I'd like to take a walk along the High Line someday.

2 和訳 ▶p.113

◀))98

(B: Benji K: Karena)

B: Well, Karena, what do you think about Professor Carre's seminar course policies?

K: It sounds really exciting and I kind of like the idea about establishing study groups to discuss some of the more challenging aspects of the readings. By the look of your face, Benji, you have another opinion?

B: Well, I'm not so sure. I'm not fully convinced whether the idea of study groups is going to work. I mean, who's going to take charge of these meetings? Don't we have to assign a leader?

K: Well, we can decide that later at the first meeting, don't you think?

B: I suppose so. But what if I don't have anything in common with the people in my group?

K: Didn't you hear? The great thing is that we can change group members freely, remember it's not like a club with fixed members. Also, our meetings are organized around discussions. We all have to do our readings and other studies independently before we meet. The study group format will provide opportunities for us to raise questions on difficult aspects of the reading, and perhaps we can develop some solutions to problems, something that might be harder to accomplish if we work alone.

B: That's a really good point!

K: Professor Carre also said he wants the students to develop effective communication skills through this experience. For instance, we have to learn how to argue constructively without criticizing, and how to disagree with someone else's ideas. All of this will help us become effective team members.

B: Yes, I guess you're right, Karena. You know, I think you would be a good team leader for a study group.

第 1 章練習問題 2：*IELTS 32 no drill+moshi* © 2017 Emiko Matsumoto, Hideo Chikada, Anthony Allan, Kevin Dunn, SANSYUSYA ／第 1 章練習問題 3：*English Indicator 1 (Essential)* © 2018 Terry O'Brien, Kei Mihara, Koji Maeda, Hirosih Kimura, NAN'UN-DO ／第 3 章 **Check** 1, 2, 3, 練習問題 3-1, 2, 3, 4： Reproduced by permission of Oxford University Press from *American Headway 3rd Edition Level 3 Teacher's book* by John Soars and Liz Soars © University Press 2016